中共上海市委党校　上海行政学院
干部能力培训系列教材编委会名单

主　　　任：王国平
副　主　任：曾　峻　梅丽红
委　　　员：王公龙　涂　晔　王伟萍　张春美
　　　　　　王志平　程竹汝　刘宗洪　陈奇星
　　　　　　马西恒　毛军权　刘旭东

本书编写项目组成员

主　　　编：罗　峰
项目组成员（以姓氏笔画排序）：
　　　　　　蔡爱平　鲁迎春　贺小林

干部能力培训
系列教材

公共政策

Gonggong Zhengce

罗峰 主编

上海人民出版社

总　序

教材建设是干部教育培训的基础性工作，是全面深化干部教育培训改革、全面提升干部教育培训质量的重要保证。中共上海市委党校、上海行政学院高度重视教材建设，把它作为实现校院新一轮发展目标、实施教学品牌战略所必需的重要内容，并提出了精品导向、突出特色、形成系列的要求。

近年来，为紧密服务上海中心工作、满足干部教育培训需求，我们组织本市党校系统教师和部分一线工作者，先后编写了《春风化雨》、《不竭源泉》等上海市干部教育培训案例教材。2013年，为深入学习贯彻党的十八大和习近平总书记系列重要讲话精神，我们组织编写了《中国特色社会主义纲要》。以上教材出版后，得到了广大干部和党校、行政学院教师的普遍好评。

党员干部的领导水平和能力素质如何，直接决定着党执政能力的高低，关系到党的路线方针政策能否得到有效贯彻落实。党的十八大提出，要“加强和改进干部教育培训，提高干部素质能力”。党的十八届三中全会强调，要“完善和发展中国特色社会主义制度，推进国家治理体系和治理能力现代化”。当前，上海面临着加快推进“四个率先”、加快建设“四个中心”和社会主义现代化国际大都市，奋力推进创新驱动发展、经济转型升级，继续当好改革开放排头兵和科学发展先行者的重任。新形势新任务要求大力加强全市广大干部和公务员的能力建设。为此，校院决定，新一轮教材编写工作要以“紧扣干部需求、服务能力建设”为基本导向，重点聚焦政策制定、依法行政、群众工作、应急处置、舆论引导等干部必备能力。

2013 年 4 月，校院干部能力培训系列教材编写工作正式启动。首批系列教材包括《群众工作》、《应急管理》、《媒体沟通》、《心理调适》、《公共政策》、《法治思维》和《职业道德》7 本，分别由具有相关教学经验和理论功底的我校学者、专家组成项目组负责编写。为保证顺利推进，校院成立干部能力培训系列教材编委会，负责选题策划和大纲评审，并由教务处负责日常保障与协调推进。下一步，我们还将根据干部能力建设需要，编写相应教材。

我们期待，通过扎实工作和共同努力，系列教材能够紧扣干部需求，凸显问题导向，体现时代性和实践性、针对性和实用性的紧密结合；能够把握好实践语言和学术语言的关系，做到深入浅出、通俗易懂；能够紧密联系上海发展实际，体现上海党校、行政学院特色，从而为校院培育教学品牌奠定坚实基础，为全市干部教育培训作出应有贡献。

中共上海市委党校常务副校长

上海行政学院常务副院长

王国平

2014 年 7 月

目　录

第一章
公共政策制定

公共政策制定是公共政策过程的首要环节，它不仅是公共政策执行、公共政策评估、公共政策变更与终结的前提条件，也是政策研究与分析的核心内容。公共政策专家托马斯·戴伊（Thomas R.Dye）就认为，“政策研究通常集中于政策是如何制定出来的，而不是特别关注政策的内容及其形成的原因和产生的结果。”[①]本章在概述公共政策制定一般内涵与要素的基础上，演绎其理论过程，即阐析政策问题界定、政策议程设立和政策方案形成等环节；归纳中国在现实公共政策制定过程中可能存在的问题，并在此基础上提出相应的对策建议。

---

① ［美］托马斯·戴伊：《理解公共政策》（第十一版），彭勃等译，北京大学出版社2008年版，第31页。

一、 概说公共政策与公共政策制定

在一定时期，社会在运行过程中会产生各种各样的问题或矛盾，政府等对资源进行权威性配置的相关公共部门必须作出回应，其中，政府针对不特定的人或事制定的带有普遍约束力的行为就是所谓“抽象的行政行为”，这就是最广义的公共政策。公共政策反映了公共部门与政策环境中相关主体双重的利益诉求。在中国的语境下，公共政策不仅包括法律、法规，也包括大量的“红头文件”，前者是后者的基础。红头文件是我们进行公共政策案例分析的重点。在公共管理实践中，科学的公共政策制定不仅要考虑一般的、规范的程序性要求，也要考虑影响该程序发挥的体制性与人格化等多方面的要素，后者决定了规范性程序的展开及其效能的发挥。

（一）公共政策与公共政策制定

1. 公共政策的内涵与特征

关于公共政策的内涵，国内外不同的学者对其进行了阐述。

（1）国外学者的论述。

公共政策学科的创始人之一哈罗德·D.拉斯韦尔（H.D. Lasswell）和亚伯拉罕·卡普兰（A.Kaplan）认为，公共政策是一项含有目标、价值与策略的大型计划，[①]该定义阐析了公共政

① H.D.Lasswell and A.Kaplan, *Power and Society*, McGraw-Hill Book Co., 1963, p.70.

策所包含的相关要素，但没有指出其明确主体，在现实中也很难将大型计划与小型计划进行区分。

美国政治学家戴维·伊斯顿(D.Easton)认为，公共政策就是当局对全社会价值进行权威性分配。该定义是其对政治概念的延伸，看到了公共政策权威性的一面，但现实中的公共政策类型是多样的，除了有分配性政策外，还有再分配政策和管制性政策等。

W.威尔逊(W.Wilson)认为，公共政策是具有立法权的政治家制定出来的，由行政人员所执行的法律和法规。该定义明显受其所倡导的政治与行政两分法的影响，将公共政策仅仅定义为法律与法规。实际上，政治与行政很难完全分开，法律与法规仅是公共政策中规范性程度更高、时效性更长的一种，一般的规范性文件也应纳入公共政策分析的范畴。

戴伊认为，公共政策就是政府选择做哪些事情而不做哪些事情，[①]他将公共政策看作“选择”的一个理性过程。他看到了公共政策的执行性特征，却将“不作为”也看作公共政策，可能扩大了其外延；因为现实中也有政府的“不作为”，但其并没有政策上的支撑。同时，该定义也没有指出政府决定要做的事情与政府实际要做的事情之间存在的差别，政府机构的某些行为不能算是公共政策，而是公共政策

① [美]托马斯·戴伊:《理解公共政策》(第十一版),第1页。

的执行。

(2) 国内学者的论述。

自从政策科学引入中国后，很多学者也对公共政策的内涵进行了论述。张金马认为，公共政策是“党和政府用以规范、引导本国或本地有关机构团体和个人行动的准则或指南。其表达形式有法律规章、行政命令、政府首脑的书面或口头声明和指示，以及行动计划与策略等等”①。

陈振明认为：“政策是国家机关、政党及其他政治团体在特定时期为实现或服务于一定的社会政治、经济、文化目标所采取的政治行为或规定的行为准则，它是一系列谋略、法令、措施、办法、方法、条例的总称。”②

陈庆云认为：“公共政策是由政府、非政府公共组织和民众为实现特定时期的目标，在对社会公共事务实施共同管理过程中所制定的行为准则。”③

张国庆认为：“公共政策是公权力主体制定和执行的用以确定和调整广泛社会关系的行为规范。”④

在以上的中外学者对公共政策内涵的论述中，国外学者一般从其对政治或政府的某一核心观点出发，如拉斯韦尔对权力的看法、伊斯顿对政治系统以及威尔逊关于政治与行政“两分

① 张金马:《政策科学导论》,中国人民大学出版社 1992 年版,第 19—20 页。

② 陈振明:《政策科学——公共政策分析导论》(第二版),中国人民大学出版社 2003 年版,第 50 页。

③ 陈庆云:《公共政策分析》(第二版),北京大学出版社 2011 年版,第 3—4 页。

④ 张国庆:《公共政策分析》,复旦大学出版社 2011 年版,第 4 页。

法”的分析，他们的核心观点直接影响到其对公共政策的界定，也预示着其对公共政策某一些方面的过分强调而忽略掉公共政策中的其他重要因素。同时，国外学者的观点一般是从其政治或行政体系中抽象出来的，没有考虑到中国的政治与行政实际。正是意识到此种局限性，国内学者考虑了中国的实际，如把政党、社会组织等也纳入公共政策的主体范畴，归纳了现实中国存在的众多的公共政策形式。但是，对公共政策内涵的界定仅是对其研究的起点，怎样保证公共政策的科学制定与有效执行更是政策分析中的核心内容。从这个意义上说，国外学者关于公共政策的内涵、公共政策制定、执行与评估等方面的理论建树或模型，构成了中国公共政策学者或政策制定者从事相关工作的重要理论资源。

综上所述，我们认为，公共政策就是公共管理者为解决社会公共问题而制定的带有普遍约束力的规范性文件的总称。其特征有四：

首先，主体的多元化——公共管理者。在不同的行政体制下，公共管理的主体是不一样的。在全能政府模式下，党和政府几乎是惟一的公共管理主体，民众缺乏相应的参与通道与机会；即便参与，也是行政化色彩浓厚的“动员性参与”。随着行政改革的深入推进，政府在不断让渡空间，众多的其他利益相关者也能参与或影响到公共政策制定，公共管理的主体日趋多元化，利益相关者的分析框架在中国逐渐有了现实基础。

其次，目标的公共性——解决公共问题。在目标取向上，公共管理不同于私人管理的重要特点是其价值取向的公共性，这一特性是公共管理，从而也是公共政策制定必须考量的首要要素。这一点上，中外的公共管理概莫能外，至少名义上应该如此。但是，怎样提炼、实现与保证公共性，这是我们公共政策专家与政策实践者应该关注的核心议题。

再次，呈现的合法性——规范性文件。公共管理者在面对社会诉求与压力时有众多的行为，公共政策所观照的不是某一具体的行政行为，而是带有一定普遍约束力的抽象行为。在中国大量呈现的是以法律、法规为基础的红头文件。从这个意义上说，公共政策的制定、实施与最后的呈现都要接受合法性检验。

最后，执行的权威性——普遍约束力。公共政策姓“公”而不姓“私”，这就为其权威性奠定了道义上的基础，即为了公共利益与社会的公平、正义的实现，相关的公共部门可制定出一些分配与再分配的公共政策，或者是管制性的公共政策。在“公共利益”这种道义合法性的支撑下，相关部门必须拥有一定的公共资源，甚至暴力机器来保证公共政策的推行。所有这些都使公共政策具有了极大的权威性，甚至强制性。

2. 公共政策制定的内涵与特征

从一般意义上说，公共政策制定是政府等公共部门面对社会中存在的公共问题或公共利益的实现机会而制定若干种行动方案，从中选出一种并付诸实施的行为过程。这一过程包括问题的确认、方案的拟订、方案的择优及其合法化等几个相互联系的环节。从对公共政策制定过程的内涵界定可以看出，公共政策制定有以下特征：

首先，公共政策制定的复杂性。这种复杂性主要来自两个方面，一是现实公共问题的复杂性与变迁性，变化的环境必然会催生各种各样的问题或机会，公共政策不仅要解决业已存在的各种各样的问题，而且还要回应现实社会中浮现的有利于公共利益增进的各种各样的机会。“政策有时来自新的机会，根本不是来自‘问题’。政策有时并不是决定的，而是‘发生’的。”①二是公共政策制定者偏好的不确定性，这种不确定性影响到对公共问题的界定，从而也增加了公共政策制定的复杂性。为了应对这种复杂性，必须考虑公共政策制定的动态性。

其次，公共政策制定的系统性。这种系统性不仅来自公共决策体制的系统性，即信息系统、智囊系统和决断系统间的功能耦合，也有来自不同公共政策之间的政策协调与整合。在公共政策制定中如果缺乏系统思维，不考虑政策的“溢出”与“外部性”，极容易导致政策打架，直接影响到公共政策的执行效度。

---

① ［美］查尔斯·E.林德布罗姆：《决策过程》，竺乾威、胡君芳译，上海译文出版社1988年版，第5页。

再次，公共政策制定的知识综合性。公共问题的复杂性、对人价值观念或偏好把握的难度，以及公共决策体制的影响力等方面的因素，这些会对科学化的公共政策制定产生直接的影响。要理性分析公共问题，有效激励行动者行为，系统提出政策方案等，这些均需要政治学、经济学、社会学和行为科学等学科知识的综合运用。

最后，公共政策制定的过程性。公共政策制定不是一个一蹴而就的行为，而是一个程序化的前后相依的过程。没有对问题的界定，就不可能有后面的政策规划以及政策方案的拟订与择优。

必须指出的是，公共政策制定与公共决策有着密切的联系。在林德布罗姆(Charles E.Lindblom)看来，决策"是一个非常复杂的分析和政治的过程，这一过程既无开端，也无结尾，其界限极为不确定。一些复杂的、我们称之为决策的力量，由于某种原因结合在一起产生了被叫作'政策'的这种结果"①。由于公共决策的最终产出可能是规范性文件，也可能是某种具体决定，如上马某个项目或工程，或者是某个事件的处理决定等，因而，公共决策包含了公共政策制定，在一定意义上，公共政策制定也被称为公共决策，但前者涵盖不了后者。同时，这两者在产出上的差异并不意味着它们没有任何可通约之处，决策中的原则、程序或理论工具完全可

① [美]查尔斯・E.林德布罗姆:《决策过程》,第5页。

被用来分析公共政策的制定。

(二)公共政策制定的阶段分析

公共政策制定的过程性意味着在现实中，公共政策的制定要经过若干阶段与步骤。正是这些步骤与阶段构成了公共政策制定的“闭环系统”。如果某一环节缺失，这就意味着整个制定系统不能形成“回路”，公共政策的科学性与有效性等也就无法保证。从这个意义上说，公共政策制定的阶段性划分是其规范性与合理性的重要表征，也是公共政策回应性、有效性的重要保证。

国外很多学者对公共政策制定过程进行了探讨：

拉斯韦尔在《决策过程》中，将政策过程分为：信息、建议、法令、实行、执行、终结和评估等七个阶段。[①]这是关于公共政策制定阶段划分的起源。

卡尔·帕顿(Carl V.Patton)和大卫·沙维奇(David S.Sawicki)创建了它们自己的六个步骤，即界定问题、确定评估标准、确认备选方案、评估备选方案、比较备选方案以及评估结果。[②]

威廉·N.邓恩(William N.Dunn)认为，公共政策制定包括议程建立——问题构建、政策形成——预测、政策采纳——

① 参见[加]迈克尔·豪利特、M.拉米什:《公共政策研究——政策循环与政策子系统》,庞诗等译,生活·读书·新知三联书店2006年版,第15页。

② [美]卡尔·帕顿、大卫·沙维奇:《政策分析和规划的初步方法》,孙兰芝等译,华夏出版社2001年版,第43—44页。

建议、政策执行——监测以及政策评估——评估这五个阶段，[①]政策评估的结果直接又影响到新一轮政策议程的建立。

林德布罗姆认为，政策是通过一系列的步骤（或一系列相互关联的行动）被制定出来的：对问题的初步分析或探究；确认目标与目的；详细审查可能取得这些目标的政策；选择或决定。[②]

戴伊在谈到作为过程的公共政策制定时指出，研究政策如何制定出来的，通常要考虑在政治体系内发生的一系列行为活动或过程，这些过程包括问题确认、议程设定、政策形成、政策合法化、政策制定、政策评估六个阶段。[③]

从以上学者的论述中可以看出，关于公共政策制定的阶段划分主要有两种观点：其一是广义的公共政策制定过程，以拉斯韦尔、邓恩和戴伊等学者为代表，他们把公共政策的执行与评估都纳入其中，从整个政策周期的视角来考察公共政策制定，这也就是通常所说的公共政策过程。其二是狭义的公共政策制定过程，即从确立公共政策目标到政策方案择优这一完整的过程，公共政策的实施及其后评估并没有纳入其分析范围，这亦即公共政策制定过程，林德布罗姆等人的观点就可归于此。基于此，我国学者张国庆比较了公共政策过程与公共

① [美]威廉·N.邓恩：《公共政策分析导论》（第二版），谢明等译，中国人民大学出版社 2010 年版，第 17 页。

② [美]查尔斯·E.林德布罗姆：《决策过程》，第 5 页。

③ [美]托马斯·戴伊：《理解公共政策》（第十一版），第 31—32 页。

政策制定过程两者的关系[①]：

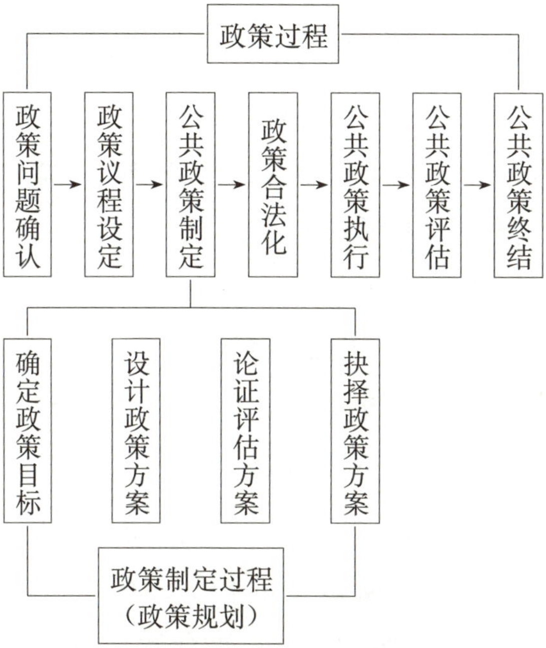

图 1.1　政策过程与政策制定过程

从图 1.1 可以看出，政策制定过程是政策过程的一个子集，狭义的公共政策制定过程仅仅包括形成政策方案这一过程，它包括确定政策目标、设计政策方案、论证评估方案和抉择政策方案这四个阶段，也有人称之为“公共政策规划”。考虑到在实际的公共政策制定中，程序性要素与技术层面的考量固然重要，但是体制性、社会结构等方面的因素也是非常重要

① 张国庆:《公共政策分析》,复旦大学出版社 2011 年版,第 185 页。

的影响因子，它们能直接影响到公共政策目标的定位、政策方案的形成与抉择。因而我们在谈公共政策制定时，排除了公共政策评估和公共政策终结两个环节，把上面宏观与微观的两种视角综合起来，将问题的确认、政策议程的设定和政策规划等因素也纳入分析框架中，形成了公共政策问题确认、公共政策议程建立、公共政策规划三个阶段。关于这三个阶段的具体内容，下面将有详细论述。

（三）影响公共政策制定的因素

邓恩认为，一个政策系统或制定政策的整个机构模式包括相互联系的三要素：公共政策、政策利益相关者和政策环境（见图 1.2）。公共政策的利益相关者是指影响公共政策形成，同时也被公共政策所影响的相关组织和个体；政策环境是指围绕一个政策议题事件发生的具体背景，它影响到利益相关者和公共政策，也被它们所塑造。[①]考虑公共政策制定的内涵，即公共政策制定是政府等公共政策制定主体，在一定的政策体制下对社会公共问题进行回应的过程，因而，在考察影响公共政策制定的相关因素时，可对邓恩的政策系统三要素进行变通，即把公共政策换成公共政策制定主体。这样，基于公共政策制定主体、政策利益相关者和政策环境这一公共政策制定系统，我们认为影响公共政策制定的相关要素有公共政策制定者、政治体系、经济支撑、社会公众和专

---

① ［美］威廉·N.邓恩：《公共政策分析导论》（第二版），第 61—62 页。

家学者。

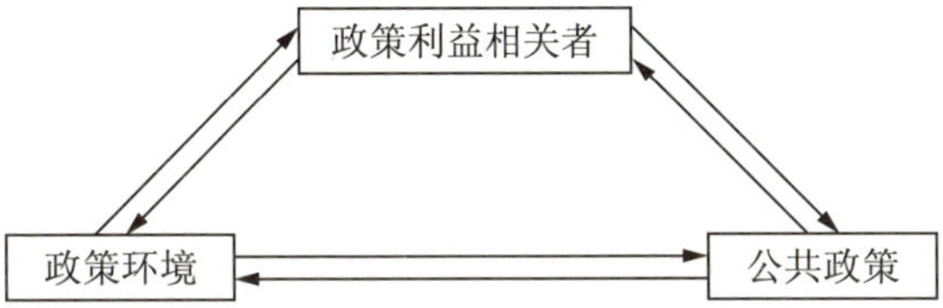

图 1.2　政策系统的三要素

1. 公共政策制定者

在一定体制框架下和政策环境中，不同的公共政策制定者对社会公共问题的认定会表现出某种差异性，这就是所谓的“横看成岭侧成峰，远近高低各不同”，人们固有的价值观念与偏好不仅会影响到政策议程的建构，也影响到公共政策最终方案的选择。因为“在政治中，和生活在其他领域中一样，偏好被个人对语境的解读所激活，正是偏好和语境的结合产生了选择”①。公共政策主体的多元化程度、年龄与知识结构等影响到其对社会问题的解读与抽象，从而直接影响到公共政策的质量。

2. 政治体系

公共政策制定是在一定的政治环境与行政体制构架下展开的，政治体系的不同制度规定或设定了不同政治行动者的行动路径，政治体系的制度化程度也影响到政治行动者行为的规范程度。在一定意义上，公共政策制定是一种在既定政治框架

---

① [美]布莱恩·琼斯:《再思民主政治中的决策制定——注意力、选择和公共政策》,李丹阳译,北京大学出版社2010年版,第4页。

下的集体行动，不同的政治制度会直接影响到这种集体行动的展开。例如，三权分立制度构架下的公共政策制定肯定不同于内阁制体制下的公共政策制定，美国总统和国会间的博弈与互动不同于英国首相和下院间的角力与互动。同时，政治体系的开放性与制度化程度也影响到政治参与的民主与有序化程度。就中国而言，改革开放后的今天，民众进行政治表达的通道远远多于全能政府的年代，公共政策制定的民主性有了更切实的现实基础。

3. 经济支撑

公共政策制定一般都涉及利益的调整与变动，因而都要考虑现实的经济支撑。这可从三种公共政策的类型，即分配性、再分配性和规制性公共政策来进行分析。分配性的公共政策，如最低工资的规定，其标准的设定就要考虑相关主体的经济承受力与可持续性；再分配性的公共政策，如税率的规定，既要考虑承受度，也要考虑公平；规制性的公共政策，如行政许可的设定，对相关主体的资质，包括技术水平、经济基础等方面都要进行考量。考虑到公共政策的执行性，公共部门的财力支撑更是不可或缺的。

4. 社会公众

公共政策的公共性导向说明任何公共政策必须得到大多数利益相关者的认同，当然这种认同是在相互沟通、协商后，不同的利益相关方在重新考量、定义自己的利益诉求之后形成的。因而，在公共政策制定过程中，政府等公共部门要尽量创设条件、机会与平台，让某一公共政策的利益相关方参与讨论、协商与博弈。同时，公共政策会产生“溢出效应”，一般的社会大众也感受到该项政策所带来的价值冲击，特别是其对公共性、社会公平性的影响，因而在公共政策制定过程中要考虑其社会影响力与民众的心理反应。

5. 专家学者

现代社会是一个复杂的多元社会，任何人，包括公共政策制定者，其智识都是相对的、有限的。为了提高公共政策的理性化程度，需要吸纳知识界关于公共政策的观点与建议。相对于实务专家而言，理论界的专家学者与公共部门适当的“距离”与相对超然的身份，决定了其提出的政策方案或建议可少受利益纠葛的影响。在公共政策制定中，从社会问题到公共问题，再到政策问题的渐次抽象，既离不开实务专家的努力，更离不开理论界的专家学者的贡献，后者的专业性能把政策目标设定在理性范围内；同时，在公共政策方案的拟定与择优阶段，专家学者能丰富政策方案，其提出的观点或建议能为最终方案的选定奠定基础。

二、把握公共政策的制定过程

从过程论的角度来看公共政策制定，其蕴含着两个方面的意思：其一，它包括前后相依的各个步骤。公共政策制定不是孤立的、一蹴而就的行为，而是一个前后相依的过程，从问题确认到政策规划这一过程链条既不能断裂，也不能颠倒，否则程序的理性价值就无以体现。其二，不断更新的政策内容。政策方案的确认并不意味着政策过程的终结，它还要接受实践的检验和科学的评估，检验与评估的结果直接影响到新一轮的政策制定过程，这也是政策调整与创新的开始。关于公共政策制定的内涵，上文已整合了广义与狭义的两种观点，将公共政策制定的过程分为以下三个环节，它们构成了公共政策制定系统中的核心内容。

（一）公共政策问题确认

戴伊认为："决定哪些社会问题成为政策问题的权力，对于政策制定过程来说是关键性的。决定哪些问题成为政策问题，甚至比决定这些问题的解决办法更为重要。"[①]就像医生给病人看病一样，其开药方的前提性条件就是要了解病因，同理，对政府等公共部门而言，社会系统中存在的某些问题就像是一个"黑箱"，要拿出科学化的诊治方案，就必须想方设法透视这个"黑箱"，理性分析公共问题的性质、范围等。政策问题的确认是公共政策制定的起始环节，它构成了后续环节展开的路径依赖。

1. 政策问题：内涵与性质

（1）公共政策问题的内涵。

社会在运行过程中会出现各种各样的问题，有的是社会个

---

① [美]托马斯·戴伊：《理解公共政策》（第十一版），第32—33页。

体可以解决的个人问题，也有很多是个体无法解决的社会问题。但并不是所有的社会问题都是政策问题。那么，到底什么是政策问题？从一般意义上讲，政策问题是指客观存在的对公共利益的实现有重大影响，且相关的组织或个人通过一定的途径反映到某些政府机构，并被列入政府政策议程中的社会问题。从这个定义中我们看到，一般的公共政策问题至少包含以下几个要素：

首先是客观的情境。即社会存在着实实在在的问题，或是秩序失序，或是分配不公，或是社会运转低效或失效，等等，这些构成了公共政策问题的现实基础。

其次是社会的体认。上面提到的这些客观问题是能够被一些先知先觉者或后知后觉者觉察或感知，并通过他们的积极作为将感知与体认输送给相应的公共机构，特别是通过有组织的集体行动来进行利益表达。

再次是与公共利益密切关联。这些问题或现象的出现可能侵蚀到了公共利益，也可能是增进公共利益的机会窗口，否则就是一些公共性不高的准公共问题或私人问题，后者是非公共部门和个体应解决的问题，它们同公共利益的关联度低，因而与公共政策问题无缘。

最后是公共机构的认定。公共政策问题一定是政府等公共部门纳入到政策议程中的问题。有些社会公共问题尽管对社会公共利益的实现也非常重要，但由于政府能力或资源不足等方面的原因，这些问题也很难在近期纳入政府的政策议程，因而，这些问题不能算作是公共政策问题。

（2）公共政策问题的性质。

问题是理想状态与现实状态间的差距。人们无论是对理想状态的勾勒，还是对现实状态的描述，都是一种客观见之于主观的活动。公共政策学家邓恩就批评过那种仅把公共政策问题看作一种客观事实的观点，“这种有关政策问题本质的天真的看法未能认识到同样的事实——例如，政府的统计表明，犯罪、污染和贫困状况正在得到改善——在不同的政策利害关系方那里常常产生截然不同的解释”①。从这个意义上说，公共政策问题带有客观性与主观性双重属性。

公共政策问题的客观性可从相互依存性与动态性两个方面来衡量。

公共政策问题的相互依存性是指一个政策领域中的问题会影响另一政策领域的问题建构，甚至政策推行。如我国户籍制度的有关问题会影响教育政策的推行，各地的异地高考制度的推行就是建立在人口管理制度的基础之上。政策问题的相互依存性要求在确认公共政策问题时要有系统思维，必须分析该项政策对其他政策领域可能产生的影响。

公共政策问题的动态性。公共政策系统是整个社会系统的组成部分，后者的变动不居直接引发了公共政策系统的变动与调整。从宏观层面来说，整个社会激励机制的变化，如从

① [美]威廉·N.邓恩:《公共政策分析导论》(第二版),第119页。

计划体制迈向社会主义市场经济体制，使个体的价值观念、行动策略、交往方式等都发生了转变，这些必然会导致整个社会的调控体系的重新建构。社会调控体系的变化就是对公共政策问题的重新认识与界定。从政策微观层面来说，即便整个政策环境不变，利益相关者利益诉求的变化、不同政策制定者价值观念的差异，这些都会导致从政策问题到政策方案的相应变化。

公共政策问题的主观性体现在人们对公共政策问题的认识受个人价值观念的影响，因而具有人为性。“问题不能脱离对它们进行定义的个体和群体而存在，也就是说，并不存在其内部和自身就构成政策问题的‘自然的’社会状态。”①一方面，从政策制定的主体来说，其价值观念、成长经历和教育水平等会影响其对公共政策问题的判定。面对相同的问题，处于相似的政策环境，不同的政策制定者可能会有不同的政策选择。另一方面，从政策的利益相关方来说，不同的个体或者是相同的个体处在不同的环境中，其价值理念甚至利益诉求均会发生变化，这些会影响到他们对公共政策问题的分析与判定。

2. 政策问题的确认过程

从社会公共问题到公共政策问题，到底要经过哪些步骤？卡尔·帕顿、大卫·沙维奇归纳了界定问题的一般程序，主要

① [美]威廉·N.邓恩:《公共政策分析导论》(第二版),第 122 页。

有七个步骤，即思考这个问题、勾划问题边界的轮廓、建立事实根据、列出目的与目标、弄清政策范围、展示潜在的收益与成本以及检查这个问题的陈述。①这一表述尽管比较宽泛，它涵盖了后面政策规划的内容，但其勾划问题边界的轮廓、建立事实根据、弄清楚政策范围的论述还是给了我们启迪。从认识论的角度来说，科学的政策问题确认过程是一个从感性到理性的跃升过程，一般要经历问题觉察、问题描述和问题分析这三个阶段。

（1）问题觉察。

问题觉察是指某一社会现象被不同的人发觉，并逐渐在更大的社会范围内扩散，进而引发政府等相关部门的关注。在这个阶段，人们只是感觉到某种失序或紧张状态的存在，但对其产生的原因、问题范围的界定等都缺乏理性思考，至于是否向相关政府部门反映，则取决于个人的价值观念或者是现实的利益考量。例如，各地的异地高考政策出台前，利益相关者之一，如随迁务工人员意识到了他们的子女难以在其就业的城市参加中高考，对教育的公平问题有了感性的认识，但一般人对其后面的制度障碍、影响范围等都缺乏系统的认识；对一般的城市户籍居民而言，他们在同外地务工人员交往的过程中，可能感知到了城市教育的某种"歧视性"或排外性，但也缺乏对其存在根源及其解决方案的系统思考。在这一阶段，突发

① ［美］卡尔·帕顿、大卫·沙维奇：《政策分析和规划的初步方法》，第151页。

事件或群体性事件的发生，新闻媒体的广泛报道等，这些行为都加速了问题的扩散，从而使民众在更大范围内感知到该问题的存在。

（2）问题描述。

感知或觉察到问题后，需要对其进行客观描述，如该问题在哪些地方或领域存在、所涉及的利益群体有多大、有哪些政策障碍，等等。这一部分要求用可操作的语言，包括数字、图表等对问题如实地进行描述。在帕顿和沙维奇所提的关于“穷人支付更多的医疗保健费用”的事例中，其中的核心词汇，如贫穷、支付更多、医疗保健等，它们都被要求有明确的数据作为支撑，如“贫穷”，需要获得有关衡量贫穷的数据、家庭的规模以及处于不同收入类型中的个人与家庭的数据；“支付更多”这一词汇要求知道医疗保健是如何定义、如何支付的，不同收入群体所支付的数额；“医疗保健”则要求知道有关药品、医师诊断、牙医治疗的开支、预防医疗费用、住院治疗费，等等。问题描述过程中这种数字化处理与现实呈现为问题界定奠定了坚实的基础。

（3）问题分析。

如果说问题觉察与问题描述还处在认识论的感性阶段，那么，经过问题分析直至问题确认，就处在认识论的理性阶段。本阶段主要是指对描述问题阶段的相关数据或资料进行去伪存真、由表及里的筛选与深度引申，并在此基础上对其能否成为公共政策问题进行判定。在前面两个阶段，不同的个体与群体对问题的感知是各异的，因而呈现在政策分析人员面前的是杂乱无章的“问题之网”，但是到底什么是“问题中的问题”，即“元问题”，这还需要理性的分析与判定。问题分析一般可经过纵横分析、理想与现实的观照等步骤。首先是横向分析，看该问题到底属于哪一领域的问题，是经济领域的问题还是政治领域的问题，如果是前者，可能更多从成本—收益的角度来考量；如果是政治问题，可更多从权力结构、制度规定等层面来考虑。其次是纵向分析，纵向考察问题的“前世今生”与未来走向，以此把握问题变迁的轨迹及其产生的原因。最后，在现状描述与逻辑推导的基础上，对问题的现实状态与理想状态进行对比，找出差异后面的原因。

需要指出的是，公共政策问题的确认，还有一个前提性条件的问题，即要确定政府的行动空间与范围。对于那些不属于政府等公共部门解决的问题，自然就排除在公共政策问题的范围之外。

（二）公共政策议程建立

政策议程的建立是指社会公共问题转化为公共政策问题，它是公共政策制定过程中至关重要的一步。由于建立公共政策议程意味着社会问题从社会领域迁移至政治系统，从触发机制上进行分析，这种迁移离不开政府内部人士、社会力量或利益相关者单独或联合的行动；同时，在一定的政治、经济、社会和文化环境下，这些不同的行动主体在互动中形成了不同的政策议程类型和不同的政策议程创立模型。

1. 政策议程的内涵与类型

(1) 政策议程的内涵。

不同的学者对政策议程有不同的界定。如安德森认为“那些被决策者选中或决策者感到必须对之采取行动的要求构成了政策议程”①，琼斯认为政策议程是“政策制定机构着力解决的事项”②，这两位学者仅看到了政府部门在政策议程设定中所发挥的作用，而没有看到社会力量等组织或个人在其中的影响力；另一派学者对政策议程作了广义的解释，如科布(Roger W.Cobb)与埃尔德(Charles D.Elder)认为，政策议程是“一组值得政体关注，并属于其合法权限管辖范围内的政治冲突；一组成为决策机构设定日程并采取积极行动与严重关注的议题项目”③。在这个定义中，政策议程不仅来自政府部门内部，也大量来自社会。这种内外结合的方式更加符合公共政策议程设置的现实。基于此，我们认为，公共政策议程是指在政府机构或社会力量等多元主体的推动下，某些社会公共问题引起了公共决策者的严重关注并将其列入政策制定范围的议程。从这个定义可以看出，政策议程具有以下特征：

首先，来源的多样化。一方面，政策议程既可能来自政府机构内部人员对社会公共问题的体认与理性思考，从而主动将其纳入政策制定的范围；另一方面，政策议程也可能来自社

---

① [美]詹姆斯·E.安德森:《公共决策》,唐亮译,华夏出版社 1990 年版,第 69 页。

② 布莱恩·琼斯:《再思民主政治中的决策制定——注意力、选择和公共政策》,第 13 页。

③ Roger W.Cobb & Charles D.Elder, *Participation in American Politics*: *The Dynamics of Agenda-building*, Allyn and Bacon, 1972.

会民众的吁求与强烈的利益表达，要求政府相关部门在政策层面予以回应。

其次，发动者的多元化。同政策议程来源的多样化相联，政府机构的多层级性、社会力量的多元化以及变化不断的国内外环境等，决定了越来越多的主体性力量可能会影响到政策议程的设定。随着民众参与通道的日趋完善，特别是在利益的强刺激下，越来越多的参与者将会影响到公共政策议程的设定。

最后，设定的权威性。不管是政府部门的内部推动还是社会力量的外部输入，社会公共问题是否能输入到政策议程，最终还要取决于权威公共政策制定部门的认定。从这个意义上说，作为公共利益的体现者或实现者的政府部门在其中占据了主导性，这也说明了政策议程设定的权威性。

(2) 政策议程的类型。

根据不同的标准，政策议程可以分为不同的类型。

一方面，从层次上划分，政策议程可以分为一般议程、系统议程、制度议程和决策议程(见图 1.3)[①]。

一般议程是指在一个社会或政治系统中可能提出或讨论的全部问题或思想。这些问题或思想中只有少部分会进入下一层次。

系统议程是指被政策制定中枢认为问题属于社会公共问

---

① 张国庆:《公共政策分析》,第 171—172 页。

题，且能被归于政府职能范围。如果问题能从系统议程中提取，得到了政策制定者的积极响应，就进入了第三层次的制度议程。

制度议程。由于时间、资源等方面的限制，政府等相关部门只对进入系统议程中的少数问题作出回应，这就是制度议程。

决策议程。进入制度议程中的相关问题，只有少数是政府立即予以解决或回应的，也即将其提交到决策议程。

这样，社会公共问题经过了一般议程→系统议程→制度议程→决策议程的多层次过滤，形成了所谓的公共政策问题。

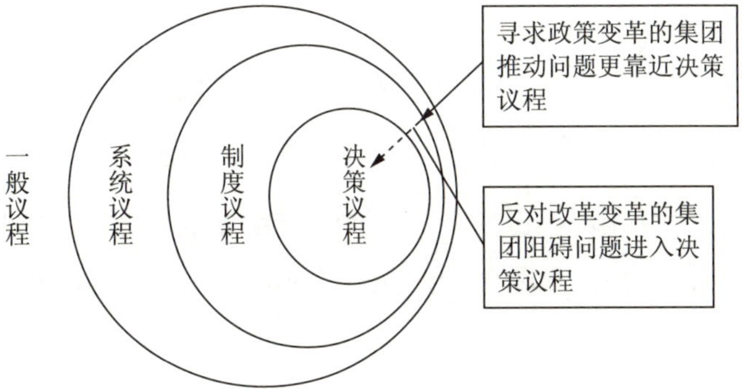

图 1.3　政策议程的层次和阶段

另一方面，根据议程提出的主体不同来划分，在学界中影响比较大的是科布和埃尔德提出的公众议程和政府议程。

公众议程。所谓的公众议程就是社会问题引起公众的普遍关注，他们向相关的政府部门施加压力，要求予以政策回应的政策议程。社会公众参与的积极性与参与的广度既与其利益诉求有关，也与媒体对问题的讨论频度，甚至挖掘的深度有关。问题扩展的程度与问题的性质有关。科布与埃尔德概括了容易到达公众(即被公众关注)的五种问题[1]:一个问题的定义越模糊,这个问题到达更广泛公众的可能性越大(特殊性程度);一个问题被认为社会意义越大,这个问题到达更广泛公众的可能性也越大(社会重要性程度);一个问题被认为长期的关联性越大,这个问题到达更广泛公众的可能性就越大(关联性的长短);一个问题被认为越不具有技术性,这个问题到达更广泛公众的可能性就越大(问题复杂程度);一个问题被认为越缺少明确的先例,这个问题到达更广泛的公众的可能性就越大(先例的明确程度)。

政府议程。政府议程是政府内部的相关人员对社会公共问题进行分析与判定,认为该问题属于政府的职责范围,且政府也有能力当下解决的议程。该议程与政府机构结构的适应性与政府制度的开放性有极大的关联。一个结构僵化、自我封闭的政府体制是不可能对社会环境的变化有明确的感知与理性的判定。同时,政府议程也有新旧之分,过去的政府议程往往在决策者那里获得了优先权。

迈克尔·豪利特和M.拉米什认为:“公众议程是一个可供讨论的议程,而制度性议程则是一个行动方针,表示针对该问题的政策程序已经启动。”[2]这两种议程是密切联系在一起

---

① 参见谢明:《公共政策导论》(第二版),中国人民大学出版社2008年版,第111页。

② [加]迈克尔·豪利特、M.拉米什:《公共政策研究——政策循环与政策子系统》,第194页。这里的“制度性议程”是指“政府议程”。

的，公众议程往往是政府官员设定政府议程的前提与基础。但是也存在着政府议程与公众议程无关的情形，是否列入议程完全是政府内部人员自己的体认或是来自专家学者的意见分析，公众在其中发挥的作用不是很明显。

2. 政策议程的触发机制

政策议程的触发机制是指引发社会公共问题进入政策议程的相关要素，它是公共政策的催化剂。一般而言，触发机制作用的发挥源于范围、强度和时间三者间的互动。

范围，是指受触发机制影响的人员数量与地区范围。如果一个事件或问题的影响范围大，众多的组织主体或个人都能感受到冲击与影响，这也就为该问题进入政策议程奠定了广泛的社会基础，因而这些问题极有可能成为公共政策问题；反之，如果问题波及的范围小、受影响的人数有限，那么该问题成为政策问题的可能性也不大。

强度，是指公众对问题或事件的反映程度。影响范围广的事件或问题不一定能进入政策议程，如果公众仅仅是知晓而反应平平，那么，政策制定中枢也不会感到有较大的压力或必要性将其列入政策制定议程中去；反之，如果事件引发一定范围内公众的强烈反响，如群体性事件或者是舆论哗然，政策制定中枢就会面临着强大的压力或解决上的诉求，该问题被列入公共政策制定议程的可能性也就越大。

时间，是指触发机制产生或持续的时间。有的问题持续时间较长，如对艾滋病的社会危害问题，开始人们认识不足，以为仅是个人道德问题，随着对其传播机制研究的进展，人们才把其跃升为“社会公共问题”，它需要权威部门积极的政策应对。有些问题的持续性较短，政府必须马上作出回应，否则会引起更大的社会危害或更大范围内的失序，如 SARS 爆发后，相应公共卫生政策必须马上出台。

延伸阅读

2014 年“世界艾滋病日”主题宣传启动仪式在京举行。国家卫计委副主任王国强介绍，自我国 1985 年发现第一例艾滋病病人以来，截至 2014 年 10 月底，报告现存活的艾滋病感染者和病人达 49.7 万例，死亡 15.4 万例。

我国高度重视艾滋病防治，颁布了《传染病防治法》《艾滋病防治条例》等法律法规，出台了免费检测、抗病毒治疗、母婴阻断、艾滋病孤儿上学和生活救助的“四免一关怀”政策，形成了比较完善的法规政策体系，设立了 9 043 个艾滋病自愿检测咨询点、766 个美沙酮门诊、2.4 万个筛查实验室、3 413 个抗病毒治疗定点机构、163 个中医药定点治疗机构、3 281 个综合诊疗定点机构，形成了布局合理、遍布城乡、功能完善的艾滋病防治服务网络。[1]

安德森在总结前人研究的基础上，提出了社会问题进入政

① 摘自《京华时报》2014 年 12 月 1 日。

策议程的四种触发机制[1]：

（1）政治领导。

公共政策制定受政治领导的极大影响。当社会公共问题输入到政治系统时，政治领导人对其的体认直接会影响到该系统的具体回应，在公共政策议程建构中具有直接的影响。至于政治领导的具体影响力，不仅要看他（她）所具有的知识素养与人格魅力，更要考虑政治体系的民主化与制度化水平。在一个权力高度集中的政治体系中，政治领导人在政策议程的建构中就具有直接的影响力。公共政策触发机制所要考虑的首要因素，就是怎样将公共问题的信息递送给具有一定决策权力的政治领导人。在权力相对分散且制度化水平较高的政治体系下，公共政策触发机制是一个多元的且权力相互制约的政治行动集团，社会公共问题能否进入公共政策议程取决于他们间的政治或利益博弈。

（2）危机事件。

某种危机或突发事件的爆发会将某些社会公共问题尽快提到政策议程，以回应社会公众的严重关切。社会公共问题是一种或隐或显的客观存在，在不同的情况下，其能否引发人们的关注既要考虑观察者的知识内涵、思维角度等，也要考虑公共问题在现实的表现形态。有些问题潜伏在社会中，有些问题却以一种比较激烈的方式呈现出来。前者能否进入政策议

① [美]詹姆斯·E.安德森：《公共决策》，第72—75页。

程取决于政策制定者的主观体认及他们之间的相互博弈，如在一些农村地区存在的自杀现象，一般人很少从社会、制度层面进行解读，因而它们很难进入公共政策议程；后者由于进入了人们的视野且冲击了社会秩序，从而引发了强烈的社会反响，如校车安全事故的发生，学生安全问题的敏感性，自然使之成为公共政策的触发机制。

（3）抗议活动。

抗议活动是社会民众对某一社会公共问题存在的强烈反应，比如某些地方发生的关于环保问题的抗议活动、“邻避事件”的爆发等，这些问题由于参与者人数众多，且集中在比较敏感的公共场所，极容易引发人们“围观”或媒体的广泛报道，从而给政策制定者施加了强大的压力。抗议活动由于其能给社会公众和政策制定者产生直接的冲击与压力，影响范围大，因而在现实中往往成为公共政策的重要触发机制。如在中国某些地方爆发的关于环保问题的抗议活动，原有的政策或决策方案要么被搁置，要么被否决，抗议活动对公共政策议程设置的影响力可见一斑。

（4）传媒曝光。

在西方国家，媒体成为影响立法、行政和司法的“第四权力”。很多问题经过媒体曝光后，会产生跨越行政层级、地域甚至国界的广泛影响。如尼克松政府时期的“水门事件”，《华盛顿邮报》的两位记者鲍勃·伍德沃德(Bob Woodward)和卡尔·伯恩斯坦(Carl Bernstein)对整个事件进行了一系列的跟踪报道，最后迫使尼克松总统辞职。在中国，一些事件，如湖南永州的“唐慧”事件，经包括新华社、人民网等各种媒体的广泛宣传，引发了社会对我国劳动教养制度的广泛讨论。在某种意义上，该制度的废止与各路传媒对其曝光与分析有一定的正相关关系。在现阶段，媒体的曝光具有将隐性的问题显性化、局部的问题扩大化、浅层的问题深入化以及异地的问题现场化等方面的功能，有助于公共政策议程的建立，从而成为公共政策议程的重要触发机制。

延伸阅读

2003年春天，刚应聘到广州一家服装公司任平面设计师的大学毕业生孙志刚，出门时因没有随身携带有效证件被警察带走，最后在收容所里被殴打致死。“孙志刚事件”经媒体报道后引发巨大反响。

3个月后，国务院宣布废止已存在二十余年的《城市流浪乞讨人员收容遣送办法》，同时公布施行了《城市生活无着的流浪乞讨人员救助管理办法》。①

3. 政策议程的创立模型

针对公共政策议程的创立，不同的学者进行了理论探讨，提出了不少理论模型，其中影响比较大的是科布的三种模型和

① 摘自《新华网》2014年10月17日。

金登的多源流分析模型。

(1) 科布的政策议程创立模型[①]。

科布以政策诉求的主体为基础，提出了外在创始型、政治动员型和内在创始型等三种类型。

首先是外在创始型。对政府体系的政策诉求由外在的利益主体提出，经过一定的阐释与扩散，让更多的人知晓或接受。当然这种知晓与接受首先是在社会系统中，但其阐释者或提出者的最终意图是要进入政策议程。因而，相关的利益主体会通过各种手段来凸显某种社会问题的严重性，宣扬该政策问题的价值与意义，以期获得政策制定者的青睐，最终被纳入政策议程。这种模型是在民主程度比较高的政治体系中较为常见。

其次是政治动员型。一般由具有威望的政治领导人或政治精英根据自己对社会公共问题的体认而主动提出某种政策意向，并使其进入政策议程。在权力比较集中的政治体系中，由于政治领导人在政治体系中的核心地位，其对社会公共问题的看法能直接影响到政策议程的建构。但是，为了让更多的人支持该项政策，也为了更好的执行，政策制定中枢会采取一定的方式或手段，向社会宣扬该项政策推行的正向意义。

最后是内在创始型。一般而言，政策问题主要是指社会公共问题，但是也有属于政府系统内部的政策问题。对这些

---

① Roger W.Cobb, et al, Agenda-building as A Comparative Political Process, *The American Political Science Review*, March 1976, Vol.70, pp.126—138.

问题的感知、阐析和扩散，一般属于政府系统内部的政治精英或工作人员，也有与政府部门较近的团体，一般的社会团体和个人很难参与。当然，说政策议程由政治系统内部人士界定，并不是说该政策问题完全不向社会予以公布或说明，有时为了取得社会的支持，给政策制定中枢施加更大的压力，相关人士也会向社会的一些团体予以开放。

需要指出的，在现实中，这三种类型并非泾渭分明，它们往往交织在一起；同时，这三种模型实际上是科布提出的公众议程与政府议程的进一步展开，在一定意义上说，政治动员型、内在创始型就可归结到政府议程中；即便是政府议程与公众议程，两者间也是相互支持甚至相互塑造的，很难将其完全分开。

（2）金登的多源流分析模型。

多元流分析模型（the Multiple-streams Framework，见图 1.4）是美国政策学家约翰·金登（John W.Kingdon）在《议程、备选方案与公共政策》一书中首先提出来。他认为，公共政策制定是由问题流（problem stream）、政策流（policy stream）和政治流（political stream）三个相互独立的结构单元组成的“松散联系”过程。“如果所有这三种因素——问题、政策建议以及政治可接受性——结合成一个单一的包裹，那么一个项目进入决策议程的可能性就会极大地提高。相反，部分的结合则不大可能使项目提上决策议程。”①

① ［美］约翰·W.金登：《议程、备选方案与公共政策》（第二版），丁煌、方兴译，中国人民大学出版社 2004 年版，第 255 页。

所谓“问题流”，是指围绕引起决策者关注的问题所进行的活动过程。在此阶段，考虑的是为什么是此问题而不是彼问题引起了决策者的关注？或者，怎样才能使公共问题受到决策者的关注？在社会公共问题进入政策议程方面有无规律可循？在金登看来，“各种机制——指标、焦点事件和反馈——使问题引起他们的关注”①。所谓指标机制，就是利用数据指标来对问题进行说明与测量，以增强该问题的直观性与将其引入政策议程的说服力。指标数据是客观存在的，但需要一些推动力才能引起人们和决策者的关注，这就是危机或焦点事件的发生，它们具有明显的公共政策效应。所谓反馈就是已有的政策或项目在实施过程中所发生的问题，如项目没有按原计划实施、执行过程中的法律依据问题，或者有一些意想不到的后果发生，这些反馈会影响抉择者的注意力。

所谓“政策流”，是指解决公共问题的各种思想观点与政策方案在政策共同体(Policy Community)中提出、碰撞、交流的过程。所谓政策共同体是指与一个社会公共问题相关的各路专业人士，包括实务专家、项目评估者、专家学者、利益团体中的分析人员等，它们都有关于该问题解决的各种原初想法或方案，形成了金登所说的“政策原汤”(Policy Primeval Soup)，各种思想在其中相互碰撞且以各种方式彼此结合。在此过程中，“原汤”的内容在不断发生变化，只有符合某种标

① [美]约翰·W.金登：《议程、备选方案与公共政策》(第二版)，第142页。

准的思想与方案会留存下来，并成功进入到政策议程中去。

所谓“政治流”，就是在公共政策制定过程中，围绕着问题界定、方案的拟订与选取而涉及的一系列政治因素。在金登看来，“它由公众情绪、压力集团的竞争、选举结果、政党或意识形态在国会中的分布状况以及政府的变更等因素构成”①。“政治流”的具体组成及其运作，与一国的政治体系及其制度化程度有关。政治流中的各种主体对政策议程的建立，具有明显的促进或抑制作用。

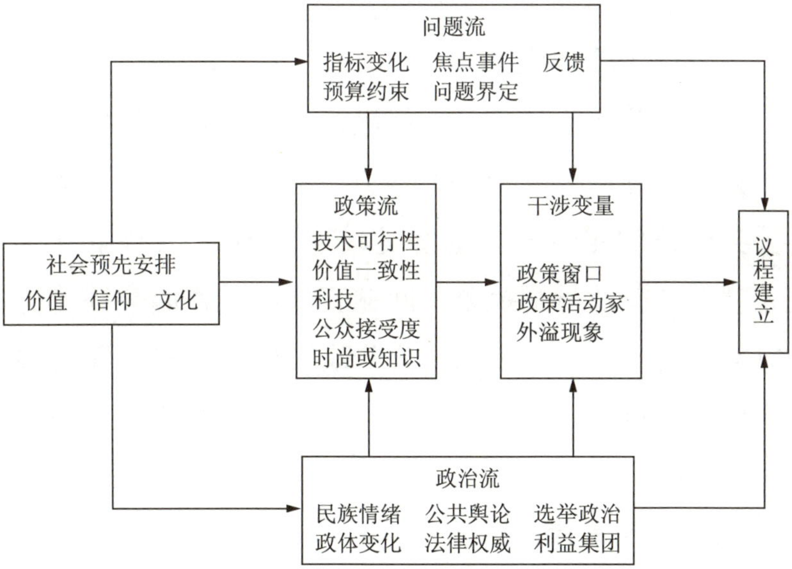

图 1.4 约翰·W.金登的多源流分析模型

一旦以上三种“溪流”结合在一起，就意味着政策制定的

① [美]约翰·W.金登:《议程、备选方案与公共政策》(第二版)，第 184 页。

窗口被打开，关于这三者间的关系可见图 1.4 所示。[①]金登的观点在政策学界产生了广泛的影响，但也有人批评其理论模型的局限性，“金登的理论极端地注重偶然因素。也就是说，它提出议案登上正式议程决定于大量不可预见的因素，比如政策倡导者的行为，各种外生和内生危机或冲击”[②]。尽管如此，金登的理论模型还是为我们理解与分析现实的公共政策制定提供了较好的分析框架和理论工具。在具体案例中，如果我们要运用该理论来分析某个具体的案例，分析者可在问题流、政策流和政治流中填充不同的内容。

（三）公共政策规划

公共政策议程设定好后，就进入了公共政策制定的最重要环节，分析研究问题并提出对策方案的阶段，即前面所说的狭义的公共政策制定过程，也就是政策规划。安德森认为，政策规划就是“涉及与解决公共问题有关的，并能被接受的各种行动方案的提出”[③]。因而，公共政策规划是在前面公共政策议程建构的基础上，确定政策目标、拟订政策方案、评估与择优方案的过程。

1. 确定政策目标

政策目标是政策规划的首要任务，它是政策制定者期望通过政策实施所要解决的社会公共问题的效果或所要避免的消极

① 陈庆云：《公共政策分析》（第二版），第 117 页。

② [加]迈克尔·豪利特、M.拉米什：《公共政策研究——政策循环与政策子系统》，第 198 页。

③ [美]詹姆斯·E.安德森：《公共决策》，第 79 页。

社会影响，它是后面政策执行与评估的前提条件。在研究和确定政策目标时，要把握以下几点：

（1）政策目标的合法性。

所谓政策目标的合法性，是指在确定政策目标时，必须考虑政策制定机关的职责范围或法律支撑。如果超越了政府机关的职责范围，或者该政策与法律明显冲突，那么就说明该政策没有合法性支撑，将会面临着很大的政策风险。据报道，2015 年 1 月，《广东省清理规范税收等优惠政策实施方案》印发，正式启动该省税收等优惠政策清理规范工作。据悉，凡是违法违规或影响公平竞争的优惠政策均将纳入清理范围。广东出台该政策就为相关政策的制定奠定了法律基础。

（2）政策目标的明确性。

所谓政策目标的明确性就是在设定政策目标时，目标必须清晰，不能模糊或者模棱两可。它要求在目标表述上，无论是“量”还是“质”，都应该严谨、科学，不能明显冲突或让人产生歧义。同时，政策目标的明确性还体现在，政策所涉的地域空间、所包含的时间界限，都必须明确。须知，逾越时间与空间限定的政策目标是没有意义的。我们不能设想计划经济年代的政策目标还对现代的经济政策产生影响，也不能设想彼国的某一政策目标能在异域发挥作用。

（3）政策目标的协调性。

由于公共政策涉及多元的利益主体，有众多的利益诉求需要满足，一般而言，公共政策的目标也是多元的，它往往是一个由众多子目标组成的目标集。为了保证政策目标的可实现性，这一方面要求各子目标共享某一价值理念，在方法手段等方面能协调互补，从而能发挥出政策合力；另一方面，各子目标也不能与总目标相冲突，否则难以发挥出子目标对总目标的支撑作用。

（4）政策目标的可行性。

公共政策问题来源于复杂的现实社会，因而，公共政策目标的设定不是画饼充饥或建立在空中楼阁上，它必须切实满足公共政策所涉的利益相关者的利益诉求。这就要求在设定政策目标时，必须考虑其可行性。这种对其可行性的追求一方面来自利益相关者对问题解决的强大压力，另一方面来自政府科层体系或问责体系的切实推动，因而，政策目标的可行性是增强政府机构应对这两方面压力的必然诉求。

（5）政策目标的前瞻性。

政策目标的设定既基于当下的社会公共问题，又基于该问题未来的变化及政策环境的变迁，也就是说，政策目标的设定必须具有前瞻性，要为未来的调整与变迁留下空间。政策目标的现实性与前瞻性实际上都是对环境的一种回应，只是这里的环境有现实与未来之分。比如说，上海人口管理中的“积分制”，现行的落户分值（120 分）是基于现在上海的承载力与公共服务的供给能力来设计的，但这并不等于说这个分值是恒定不变的，随着上海公共服务供给现状等的变化，分值的设定及相应的政策目标也可能会发生变化。

2. 拟定政策方案

在进行问题分析和目标界定后，就到了拟定政策方案的阶段，这里面的前后次序不能颠倒。卡尔·帕顿、大卫·沙维奇认为，“政策分析过程一开始时，就应该有界定明确的问题和明晰确定的标准。只有在完成了这些步骤后，才可能进行方案的精心制定工作。我们相信，这样的次序会有助于分析人员避免被那些他们所偏爱的，但与所要解决的问题相关性不大，或者不符合既定评估标准的方案所束缚”①。在拟定政策方案时，需要把握以下原则：

（1）民主性原则。

公共政策是为了解决社会公共问题，涉及众多的利益主体；同时，有些领域的问题还具有很强的专业性，这就要求在政策规划中发扬民主，畅通利益相关者的参与渠道，搭建公共讨论平台，让各方的利益诉求尽可能得到表达；要吸纳“智库”或“外脑”的参与，让各路专家的智慧在政策方案设计中能得以体现。总之，民主性原则要求公共政策制定者不能垄断政策制定权，避免自主界定所谓的“公共利益”，要创造条件和机会让各种思想观点迸发，让“政策原汤”中的内容越来越丰富。

（2）多方案原则。

在政策方案拟定过程中，要尽量创设条件让多种方案出

① ［美］卡尔·帕顿、大卫·沙维奇：《政策分析和规划的初步方法》，第151页。

台。奥斯本(Alex Osborn)强调，在确认一个合适的方案之前，要对多个方案进行考虑，要引用众多的已由不同的方案创制人和问题的解决者检验过的方案。他甚至断言，在具有创造性的领域中，数量孕育质量，考虑到的想法越多，就越有可能产生精辟的理念。[①]所以，在拟订方案过程中，要吸纳各方的意见与智慧，从而让多种政策方案不断涌现。公共政策制定者要树立一个基本原则，即在拟订政策方案的阶段，如果政策方案是唯一的，那么此项公共政策制定一定是有瑕疵的。正是在此意义上，许多重大的公共决策就设计了几套方案，如在1962年古巴导弹危机中，美国就有5套应对方案。在中国，有一些地方为保证方案具有选择性，明确规定没有两个以上的备选方案就不能作出决策。

(3) 排斥性原则。

在拟订政策方案阶段，无论是民主性原则还是多方案原则，这样要求的本义就是要让各种有价值的政策方案能更多地呈现。但是，这些不同政策方案要体现差别化、能相互排斥，否则，再多的方案也只能是少数或单一的方案，从而让民主性、多方案原则的本意落空。排斥性原则要求拟订方案的主体尽量多元化，即便是政策专家的方案，也可以采用多方委托的方式进行。如一些重要的政策方案，可让不同的研究团队来承担。

---

① 转引自[美]卡尔·帕顿、大卫·沙维奇:《政策分析和规划的初步方法》,华夏出版社2001年版,第229页。

（4）执行性原则。

在拟订政策方案过程中，要细化关于政策执行的各种因素，如经济支撑、人员安排、程序设定和技术保证，等等；否则，再多的政策方案也只能算是纸上谈兵。没有执行性的政策方案只能算是政策愿景或政策蓝图，对解决现实中的社会公共问题毫无作用。

3. 方案评估与择优

方案的择优就是在对各种实施方案进行评估以后，从中选择出最佳的实施方案。这是政策规划的关键环节。政策制定者不仅要有合理的方案选择标准，而且还要采用科学的选择方法，以便能从各种备选方案中找出最可行、最经济的方案，作为最终的实施方案。对于重大的方案择优，一定要进行可行性论证，否则的话，就有可能导致公共决策的失败。如在举世闻名的三峡工程的决策过程中，为了体现决策的科学化、民主化，为了对子孙后代负责，中共中央、国务院发出了《关于长江三峡工程论证有关问题的通知》，组织专家进行论证，并且将这一项工程的兴建与否，提交给第七届全国人民代表大会第五次会议审议，开了将重大工程的兴建与否送交给全国人大进行审议的先河。在论证的过程中，许多人士在三峡工程的“建与不建”、“早建或晚建”和建设方案等问题上发生了激烈的争论，提出了许多不同的意见。在进行论证工作的 14 个专家组中的 9 个论证报告被一致通过，而在生态与环境、防洪、电力系统、综合规划与水位、综合经济评价等 5 个专题论证报告上，分别有1到3位专家没有在上面签字。[①]在三峡工程议案进行表决时，会议以1 767人赞成、172人反对、664人弃权的表决结果通过了决议。从这里可以看出，三峡工程是否上马这一问题，不仅有多种意见、方案，而且它们之间有很多是针锋相对的，最终的方案是它们相互争论择优的结果。

在政策方案择优过程中，对提交上来的方案进行的评估至关重要，这就是所谓的“前评估”，它包括价值评估、效果评估、风险评估以及可行性评估，后两个方面的评估对政策方案的选择具有至关重要的作用。

（1）风险评估。

风险评估是指对备选方案所涉风险点进行预测、排摸，以期从中找到防范性举措。现代社会已进入贝克所说的“风险社会”，各种风险或隐或显地存在。由于公共政策面对的是众多的利益主体，政策设计所引发的利益调整是实实在在的，因而，公共政策制定者必须有风险意识，考量各种政策可能所引发的政策风险，并切实做好相应的防范措施。对处在大转型的中国社会来说，重大政策制定或公共决策必须将风险评估纳入分析的视野。也正是在此意义上，2012年1月，中央办公厅发出《关于建立健全重大决策社会稳定风险评估机制的指导意见》（试行），指出“开展重大决策社会稳定风险评估，对于促进科学决策、民主决策、依法决策，预防和化解社会矛盾，

① 参见朱光磊：《当代中国政府过程》，天津人民出版社1997年版，第160页。

构建社会主义和谐社会具有重要意义”；在党的十八届三中全会上，更是明确提出要“健全重大决策社会稳定风险评估机制”。在中央的倡导下，全国各地纷纷出台重大决策的风险评估方案或机制。

延伸阅读

近年来，因各种人民内部矛盾和社会矛盾引发的群众上访和群体性事件多样多发，已经成为影响社会稳定的重要因素。这些事件的矛盾点主要集中在农村土地征用、城镇房屋拆迁、国有企业改制、涉法涉诉等领域，仅2010年，因农村土地征用、城镇房屋拆迁引发的群体性事件就占群体性事件总量的1/5。这些群体性事件具有社会关联性强、行为方式日趋激烈、暴力对抗程度加剧且有组织有策划的特点，对维护社会稳定影响很大。从总体上看，这些社会矛盾及引起的群体性事件是我国经济社会发展水平和阶段性特征的集中反映，但也在一定程度上与我们思想观念上重视不够、工作不到位有关，如在加快经济发展中，重经济建设轻社会建设；在审批重大建设项目时对维护群众合法权益考虑不够，侵害群众利益的现象时有发生；在社会管理中存在重事后处置轻源头预防的倾向。因此，建立健全重大决策社会稳定风险评估机制，把维护社会稳定的关口前移，是中央在认真总结经验、把握规律基础上，提出的非常具有针对性的、加强和创新社会管理的新思路。

经过论证，要按照决策实施后可能对社会稳定造成的影响程度确定，包括高风险、中风险、低风险的风险等级。凡是决策存在高风险的，应当区别情况作出不实施的决策，或者调整决策方案、降低风险等级后再行决策；存在中风险的，待采取有效的防范、化解风险措施后，再作出实施的决策；存在低风险的，可以作出实施的决策，但要做好解释说服工作，妥善处理相关群众的合理诉求。

目前，所有省区市和地市州盟都建立了重大决策社会稳定风险评估机制，中央有关部门也先后出台了本部门实施意见或实施办法。通过实施重大决策社会稳定风险评估，及时发现各种苗头性、倾向性、潜在性问题，消除了一大批不稳定隐患，有力维护了群众的切身利益，有效保障了一批重大决策项目顺利实施，最大限度地把矛盾解决在基层、化解在萌芽状态。重大决策社会稳定风险评估已经成为从源头上防范和化解不稳定因素的重要制度。要把这项制度切实落到实处，在实践基础上认真总结经验，不断健全相关制度，使这项制度在促进社会和谐方面发挥更大作用。[①]

（2）可行性评估。

也叫可行性论证，它是政策方案评估中的最主要任务。巴尔达奇（E.Bardach）认为，技术可行性、经济可行性、政治可

① 《为什么要建立健全重大决策社会稳定风险评估机制?》,《新华网》2013 年 2 月 18 日。

行性以及行政可行性是影响政策目标实现的最重要因素。[①]

技术可行性(technical feasibility)。主要是从技术的角度衡量公共政策是否能实现预期的政策目标。如，建设桥梁能改善交通状况吗？水处理技术能否达到改善水质的要求？属于这一范畴有两个重要标准，即效力与适度，如为了控制超大型城市人口的过快增长，“积分制”在多大程度上能达到该目标。效力标准集中关注实施某项政策方案的技术手段是否会达到它的预期效果或政策目标，它包括政策的影响是直接的还是间接的、长期的还是短期的、可量化的还是不可量化的。所谓适度，即现有的技术手段或方法在多大程度上能达成政策目标，它是衡量在多大程度上能够通过资源的连续有效配置，从而达到解决问题的目的的尺度。比如，如果一项公共政策本来要惠及该区域所有民众，但在进行技术性评估时发现了资金上的短缺，这样在政策调整时就会限定受惠对象，以便将有限的资源用在刀刃上。

经济可行性(economic feasibility)。对政策方案进行经济上可行性的评估涉及三大标准，即有形与无形标准、可货币化与不可货币化标准以及直接或间接的成本—收益标准。在评估过程中，一方面，政策分析人员要考虑该政策方案占用或使用经济资源的可能性，以及经济资源供给的可能性，其目的是要衡量该政策方案是否有经济支撑；另一方面，要考察该政策

① 转引自(美)卡尔·帕顿、大卫·沙维奇：《政策分析和规划的初步方法》，第205—215页。

方案实施过程中所要花费的成本及可能取得的收益，也就是要进行成本—收益的比较分析。

政治可行性(political feasibility)。公共政策的制定关涉众多的利益主体，来自政治体系中的不同力量都对其有自己的观点与看法；更为重要的是，在公共政策合法化阶段，这些不同的政治主体能施加直接影响，从而最终影响到某一政策方案能否出台。正是基于此，在政策方案的前评估阶段，要前瞻思考这些政治主体可能的反应。当然，这里的政治主体不仅包括决策者、政府官员，也包括利益群体和社会民众。在不同类型的政治体系中，不同的政治力量所能施加的政治影响力也是不同的。

行政可行性(administrative feasibility)。一项在技术上、经济上和政治上都具有可行性的政策方案，如果不考虑操作上的可行性，即行政可行性，那么，它仍然可能处于不确定的状态之中。在巴尔达奇看来，评估行政可操作性可从权威(authority)、制度承诺(institutional commitment)、能力(capacity)和组织支持(organizational support)这四个方面来说明。所谓权威，就是要考察政策方案是否给政策执行者授予了进行必要变革、寻求合作和确定优先权的权威；所谓制度承诺，要考察在方案中是否设定了让包括高层管理者在内的工作人员承担政策执行任务的要求；所谓能力，是指执行人员是否具备实施该政策方案的专业能力及必要的财力支持；所谓组织支持，是要评估实施该方案的装备、物资设备和其他支持设施是否具备。

在经过方案评估后，就进入了政策方案的优选阶段。在此过程中，要遵循一定的政策优选标准。政策学家邓恩就提出了六大标准，即效益(effectiveness)、效率(efficiency)、充分性(adequacy)、公平性(equity)、回应性(responsiveness)和适当性(appropriateness)。①效益包含有质的概念，它是指政策方案给社会带来的正向的、积极的影响；效率是一个表量的概念，它要求以最小的成本追求最大的收益；充分性是指政策方案在多大程度上解决了社会公共问题或满足了民众的期望；公平性是指政策方案的政策效果在不同社会群体中公平、公正的分配；所谓回应性是指政策方案回应公众期望的程度。政策方案的优选不仅要遵循一定的原则，也要考虑共识形成的方式或手段。在现实中一般会采用交换、说服或强制等方法，也有的是这些方法的混合使用。

三、公共政策制定中的问题及其消解

从上面的论述可以看出，公共政策制定是在一定政治、经济、社会和文化环境中展开的。因而，中国语境下的公共政策制定就不得不受政治体系、经济基础、社会力量，甚至文化传承等多种要素的交叉作用与影响。中国作为一个超大型国

① [美]威廉·N.邓恩:《公共政策分析导论》(第二版),第306—312页。

家，那些影响公共政策制定的各种要素会呈现出不同的特点，就算是统一的政治体系，支撑其运转的机制也不可能是一样的，其开放性与法治化程度在各地也会呈现出一定的差别，因而其对公共政策议程的建构、政策方案的拟定与择优等产生的影响，也不可能是均质的。正是在这个意义上，我国现实层面的公共政策制定，无论是从流程上还是从最终的政策产品上看，都呈现出某种差异性，成绩与问题并存。改革开放以来，随着行政体制改革的渐进展开，法治国家的稳步推进以及市场在资源配置中的决定性作用逐步树立等，我国公共政策制定的民主化、科学化程度在不断提高，政策的回应性、有效性，甚至系统性也日益凸显。但毋庸讳言，由于全能政府的惯性、经济与社会发育、理性成长的渐进性等方面的影响，再加上影响公共政策制定的各种要素的非均衡分布，我们一些地方在公共政策制定过程中也或多或少出现了某些问题，对这些问题进行解析是寻求应对之策的前提条件。归纳起来，主要有以下三方面的问题：

(一) 主体性问题

公共政策的“公共性”决定了其形成过程是一个多元主体互动、交流，甚至讨价还价的过程。这些主体包括政策制定中枢(政府部门)、利益相关者和专家学者。在现实的公共政策制定中，某些地方可能存在的问题包括部门(地方)利益的影响、利益相关者参与的缺乏和智囊团作用发挥的欠缺等。

1. 部门(地方)利益的影响

公共权力同利益密切关联。它不仅关涉权力客体的资源配置和利益调整，也关涉权力主体，即机构及其自身利益的实现。但是公共权力的组织化与人格化载体所追求的利益不仅是部门(地方)利益，而且是更大范围内的公共利益，也即当前者与后者相冲突时，应以后者为重。但现实中有些部门或地方的公共政策制定，陷入了“权力部门化、部门利益化、利益法制化”的泥潭之中，这就导致了行政行为的“选择性”：对待自己有利的职权，如收费权、审批权、处罚权，就像橄榄球比赛一样，你争我夺；对待“油水”不大的职责，如耗时费力特别是有风险的权力，就像击鼓传花一样唯恐落在自己身上。比如前几年发生在某省两部门(人事部门与教育部门)为争夺考试权属，让中小学教师重复参加考试。在人事部门看来，计算机应用能力考试是评聘职称所必需的；教育部门则认为，信息技术全员培训考试内容是专门为中小学教师设计的。所以，尽管考试内容基本相同，但老师们“谁也得罪不起”，两边都必须参加。双方文件所规定的参加考试的名义都非常冠冕堂皇，其背后有着“考试经济”的巨大利益驱动。有关人士算了一笔账：该省有 34 万多名中小学教师，如果每人都把 364 元的培训费、考试费和教材费交齐，考试费用达1.2亿元。在巨大的利益面前，两部门有着“当仁不让”的强大动力。

既然有着不同层级、不同类型的政府部门，自然它们就会有着不同的利益诉求。公共政策制定并不是完全不要考虑自身机构和地方的利益，而是要将这种利益追求纳入法治化轨道。特别重要的是要从纵向、横向厘清政府间的职能边界，同时建立起财力与事权相统一的财税制度，为“捞好处”或“卸包袱”等选择性行政行为的破除奠定体制性基础。党的十八届三中全会明确规定“建立事权和支出责任相适应的制度。适度加强中央事权和支出责任，国防、外交、国家安全、关系全国统一市场规则和管理等作为中央事权；部分社会保障、跨区域重大项目建设维护等作为中央和地方共同事权，逐步理顺事权关系；区域性公共服务作为地方事权。中央和地方按照事权划分相应承担和分担支出责任”。在此基础上，为防止部门(地方)利益继续扩张，可以建立起三种制度：一是回避制度，有直接利益关系的部门不参与起草工作，可以采取委托起草等方式；二是公开制度，政策制定的每一步都应该让社会公众看得见；三是参与制度，受政策影响的相关人有权参与政策制定，表达利益诉求。党的十八届四中全会直接拿立法的地方或部门保护主义“开刀”，明确提出“明确立法权力边界，从体制机制和工作程序上有效防止部门利益和地方保护主义法律化。对部门间争议较大的重要立法事项，由决策机关引入第三方评估，充分听取各方意见，协调决定，不能久拖不决”。

2. 利益相关者参与的缺乏

既然公共政策是“公共”的，因而其制定就不能是“自说自话”，公共政策的客体是多样的，诉求也是多元的，因而，公共政策制定中枢所要做的重要工作就是协商讨论平台的搭建，让各利益相关方尽量充分进行利益表达。著名的行政学家登哈特夫妇就指出："公共行政官员不是公共利益的单独主宰者。相反，公共行政官员应该被视为在一个包括公民、团体、民选代表以及其他机构在内的更大治理系统中的关键角色。"[①]这种利益相关者的分析方法是公共政策分析中的核心方法之一。让利益相关方参与公共政策制定，不是说让所有的利益相关方都到一个物理空间来参与讨论，这在现实生活中也不现实。这样做的关键是在公共政策制定过程中，要让利益相关方的诉求或"声音"能够发出，而具体的发声者，可能是当事人，也可能是代表或专业人士。公共政策的制定只有在"众声喧哗"中才能趋于理性，否则其政策产品容易被少数人绑架。

近年来，由环保引发的群体性事件呈快速增长之势。尽管国家颁布了《环境影响评价公众参与暂行办法》，要求"建设单位或者其委托的环境影响评价机构应当在发布信息公告、公开环境影响报告书的简本后，采取调查公众意见、咨询专家意见、座谈会、论证会、听证会等形式，公开征求公众意见"。但在现实操作中，要么相关部门没有按照国家规定搭建平台，让公众参与，要么参与者的代表性不足，要么是参与的过程不透明等，从而引发了民众的强烈不满，甚至民众与政府间的激烈对抗。在这些事件中，其实政府只是利益相关方中

① [美]J.V.登哈特、R.B.登哈特：《新公共服务——服务，而不是掌舵》，中国人民大学出版社2004年版，第79页。

的一方，如果政府形式化或仪式化公众参与，甚至压制公众参与，所引发的后果只能是：本来是不同利益主体间的博弈过程就变成了政府和不同利益群体间的博弈，从而将政府推到风口浪尖上。

从这个意义上说，政府在主导公共政策制定时，要把一部分精力放在利益相关方参与平台的搭建上，特别要避免单方面界定所谓的“公共利益”，后者只能在利益相关者及其代表的互动中形成。

3. 智囊团作用的发挥

对于一项社会公共问题的认识与处理，既可能有政府官员的政治上的行动，也可能有学者知识上的行动。在某种意义上，公共政策就是政治行动与知识行动的统一。公共政策制定中的重要任务之一就是要打通这两者间的壁垒，促进它们间的良性互动。为什么在政策制定中要有“智囊团”或“外脑”的知识行动？其原因至少有三：

首先，领导者的有限理性。从客观层面来说，现代公共问题的复杂性、技术性，使任何仅靠决策者自身力量进行决策的时代已经一去不复返。从主观方面来说，在一定的时空范围内，领导者不可能是全知全能的，他们有着智识上的盲区与限度。

其次，科层的权力与技术性权力的分离。在组织中，无论是政府组织还是公共组织都可能存在着一种情况，即掌握法定权力（科层的权力）的领导可能不熟悉或不懂业务或技术（技术性权力），或者是懂业务或技术的不一定掌握法定权力。智囊团或外脑恰是连接这两者的重要桥梁与纽带。

第三，超然的位置与有价值的观点。这是从智囊团自身来说的。前者是说智囊团一般不是公共决策部门的下属机构，或者是它们与政府机构间实际存在着一定的“距离”，这种相对“超然”的位置有利于公正、无偏私的政策方案出台；后者是说智囊团具有专业优势，可能容易发现真正的问题之所在，从而有助于政策方案的科学性。

现实中，我们的智库按照其所依赖的主体大致可分为政府智库、高校研究机构智库和市场类民间智库三类。尽管它们对政策的科学化发挥了至关重要的作用，但是其局限也非常明显。对于政府类智库而言，其遇到的最大问题可能是相对独立性不够，在一些地方沦为领导文稿的起草机构，其独立调研的职能还需进一步加强；对高校研究机构类智库而言，其存在的问题可能是与政府部门间制度化的互动机制不健全，高质量研究报告的递送渠道，政策制定中枢收集、整合有效决策信息的能力等，这些还有待进一步完善；至于市场类民间智库而言，除了数量稀少外，其在影响能力和影响渠道等方面也存在着很大的问题。所以，在新时期，加强智囊团建设，包括体制、作用发挥流程等方面的建设刻不容缓。[①]2015 年 1 月，中共中央发布了《关于加强中国特色新型智库建设的意见》，提出“中国特色新型智库是国家软实力的重要组成部分。一个

---

① 关于社会主义新型智库建设，可参见罗峰：《新型智库建设应关注的三个问题》，《学习时报》2015 年 1 月 5 日。

大国的发展进程，既是经济等硬实力提高的进程，也是思想文化等软实力提高的进程。智库是国家软实力的重要载体，越来越成为国际竞争力的重要因素，在对外交往中发挥着不可替代的作用”。

（二）程序性问题

前面论述过，公共政策制定不是一蹴而就的行为，它包括问题的确认、政策议程的设定和政策规划三个环节，即便是最狭义的公共政策制定，即政策规划，它也包含着确定政策目标、拟订政策方案、评估与择优方案三个步骤。公共政策制定中的这些环节与步骤是保证政策公共性，甚至科学性的重要环节，没有政策制定中的“程序公正”，就很难有政策产品的结果上的公正。公共政策制定中的程序性要求有三：其一是程序法定，走相关程序是法定要求，不能可有可无，也不能将程序虚置；其二，启动的常规性，即对社会公共问题的政策响应是制度化的，不能是偶然因素的引发；其三，程序要素的闭环组合，即程序中的相关环节不能缺失。这三个方面保证了在公共政策制定过程中的“程序正义”。然而，在现实的某地地方，这三个方面的要求并不是都能得到满足。

1. 程序法定

中国深受大陆法系的影响，无论是政府官员还是社会民众，其程序意识淡薄。在现实纠纷的处理中，容易发生为求结果的正义而罔顾程序上的公正，甚至不讲程序。如在计划经济年代发起的多次“严打”活动中，为了达到维护社会秩序、震慑犯罪分子的目的，相关部门要求对犯罪分子，甚至嫌疑分子进行从快、从重、从严处置，绕过正常的司法程序，结果出现了不少冤假错案。在转型的中国社会，几千年缺乏法治的传统、计划经济年代全能政府的路径依赖，以及民间社会仍然存在的“清官情结”，这就使得程序意识在公共政策制定环节中得不到应有的重视。有些案例中，尽管也有所谓的“走程序”，但是其设定的环节或步骤与程序正义南辕北辙，直接损害了法律的威严和政府的公信力。如前几年内蒙古发生了法官让当事人“零点”到庭听证，有的地方在动拆迁环节中仪式化对待“公示”，其公示文告“上墙”不为让民众知晓，而是供相关部门拍照留存之用。还比如，由于相关规定不是很明确，在国外公共政策制定中大行其道的听证制度，在国内有些地方发生了异变，民众戏称其为“同意会”、“听涨会”。为了改变听证会异化的情况，中央自上而下进行了部署。如在2008年颁布了《国务院关于加强市县政府依法行政的决定》，其中就有对听证环节的明确要求，即“要规范听证程序，科学合理地遴选听证代表，确定、分配听证代表名额要充分考虑听证事项的性质、复杂程度及影响范围。听证代表确定后，应当将名单向社会公布”。为了纠正有些地方事实上存在的决策程序虚置的情况，党的十八届四中全会更是明确提出了重大行政决策程序法定的要求，“健全依法决策机制：把公众参与、专家论证、风险评估、合法性审查、集体讨论决定确定为重大行政决策法定程序，确保决策制度科学、程序正当、过程公开、责任明确”。这些规定与要求都切中要害，必将有助于程序意识在公共政策制定过程中的渗入与融合。

2. 启动的常规性

前面论述过，公共政策制定包括对社会公共问题的界定、议程的设定和政策规划等步骤，政策制定的各参与主体，即政府官员、民意代表、利益群体和专家学者等组成了金登所说的政策共同体。从规范意义上说，性质各异的各主体作用发挥的渠道应是通畅的，不能出现倚偏倚重的情况，否则就容易出现政策议程被主宰或政策方案被利益团体绑架的局面。这种局面下政策议程的启动是一种非常规的启动，带有科布所说的“外部推动”型的特点。这种公共政策的非常规启动可以分为两个方面：

一种是公共政策制定中的人格化影响力过重，或者干脆就是“长官意志”的体现。由于中国有漫长的封建专制历史，行政权力及其人格化的主体在公共政策制定或公共决策中还占据了重要位置，最典型的体现是在计划经济年代。现阶段在一些地方，党内集体决策制度不是很健全，还有所谓的“三一”干部或“一把手”，即“用人一言堂”、“花钱一支笔”、“决策一张纸”。在行政权力的巨大影响力下，公共政策制定中的各个环节极容易被少数位高权重者左右。

另一种是公共政策制定的危机推动。五十多年前，美国工程师海恩曾就航空事故进行过分析和统计，提出了著名的“海恩法则”：每一起重大事故的背后，必然有 29 起轻微事故、300 起未遂事故和 1 000 处事故隐患。中国一些地方在某些公共政策制定过程中，危机推动的色彩明显。即公共政策不是对未遂事故、事故隐患的回应，而是对已出现重大的安全事故或群体性事件的回应，在多条鲜活生命消失后，或是爆发了剧烈的冲突后才引发政策制定中枢的重视。这反映了相关政策分析人员对社会公共问题的敏感性低，科层体制钝化、迟缓，难以收集到对政策制定有价值的信息，相关部门也难以将相关信息递送到更高一级的决策中枢。

要解决上面提到的两方面问题，一方面是推进法治国家、法治政府的建立，将权力的运作限定在制度化的轨道中，让有权“不敢”、“不能”任性，从而铲除“三一”干部存在的土壤；另一方面要建立起“非行政化的社会应急响应机制”，当社会公共问题产生时，不仅政府机构，而且社会相关主体；不仅高层政府部门，而且基层政府官员，他们能通过相关的渠道影响公共政策的制定，有的甚至能打开“政策之窗”。只有每一个公民，不仅包括政府官员，都能尽到自己的责任，都有反映问题、提出对策建议的有效渠道，政府部门才不至于在危机管理中捉襟见肘，社会的稳定与和谐才有更可靠的保障。

3. 程序要素的闭环组合

从广义上说，公共政策过程是一个闭环系统，从包括问题、目标、方案、择优、执行和评估，再到新一轮的公共政策过程，这是一个循环往复的过程。前文说过，本章所论及的公共政策制定是广义和狭义的结合，也即包含了政策规划的全部内容，省略掉了政策执行和政策评估的内容（这些将在后面的篇章中展开，政策评估是指“后评估”）。但是，政策方案在选定前，必须进行执行前的评估，其中一个重要内容就是评估政策方案的执行性。如果评估的结果是执行性不强，那么就会带来新一轮的政策制定。从这个意义上说，我们所认定的公共政策制定过程也是一个闭环组合。

在现实的公共政策制定活动中，我们可能存在的问题是对评估的重视不够，对前评估更是如此。在多种政策方案提出后，进行抉择的依据不是科学化的证据或理性化的思考，而可能是主要领导的个人感知。从前面的基础理论部分可以看出，如果没有进行前评估，政策方案的技术支持、经济支持、政治支持和行政支持的现状就不得而知，因而其执行性也就无从谈起。就拿政治支持而言，其中的法律依据是政策权威性的重要保证。公共政策的权威性不仅来自其制定的部门层级，更重要的是其制定过程、政策内容是否符合已有的法律规定，否则，就构成了程序上的违法和内容上的违法，从而会消解政策的权威性。在公共政策制定的前评估阶段，对该政策所涉的相关法律，特别是上位法，要有一个系统的梳理、比照和评估的环节，尽量避免法律与政策间的矛盾与冲突；对实在难以规避的矛盾与冲突，制定部门也要有规范化的处理机制。[①]据报道，“红头文件违法的现象在有些地方屡见不鲜。

① 罗峰:《增强法治意识提高公共政策制定水平》,《上海人大月刊》2013年第7期。

比如，包括安徽、山东、内蒙古在内的17个地区都曾下发过红头文件，要求一些企业限期退出烟花爆竹生产，但这些烟花爆竹生产企业的安全生产许可证还没有到期”[①]。

考察公共政策制定程序的闭环组合要素，除了政治性因素外，还要考察经济支持、技术支持和行政系统内部的支持。公共政策涉及利益的调整，有的是巨大的财政投入，这就要求在公共政策制定或公共决策中进行经济上的可行性评估。这在一些公共工程项目的决策上体现得较为明显，如一些项目在上马时热热闹闹、风光无限，一旦实施、运转后，才发现缺乏后续的财力支持而沦为“烂尾楼”，这样的例子不在少数。在技术支持上，如我国2015年的航天规划，计划完成20次宇航发射，将超过40颗航天器送入太空，无论是发射次数还是发射航天器的数量，都将创下中国航天历史新高。这一规划是建立在我国出色的航天技术基础上的。但是，有些政策出台就没有很好地考虑到执行性。像2012年出台的闯黄灯扣分的新交规，出台伊始就引发广泛的讨论，网友戏称“闯黄灯记6分”的新规“完全无视牛顿定律”；新华社发布的“新华微评”表示：黄灯亮时未越过停止线车辆应停车这项规定，在目前信号设施及道路设计标准不一的情况下，实际操作难度巨大，希望相关部门认真考虑，营造更安全、更具人性化的道路交通环境。正是由于该项法规的执行性差，2013年1月6

① 陈灏：《管住任性的红头文件》，《新华每日电讯》2015年5月26日。

日，公安部网站贴出消息说：公安部交管局专门下发通知，要求各地交管部门对目前违反黄灯信号的，以教育警示为主，暂不予以处罚。另外，在前评估阶段，按照巴尔达奇的观点，还要考察执行系统的资源整合的情况，如是否给了执行者以调动资源的权力，上层领导是否在执行中承担责任与义务。如果政策执行者调动不了资源，或者是上层领导不能在执行中起到任何作用，让执行层承担协调的重任，那么该项政策方案可行性的前景就堪忧。

为了满足公共政策制定中程序要素闭环组合的要求，一方面要进一步推进程序法定，将公共政策制定的程序以法律的方式固定下来，不能遗漏或忽略掉某个环节；另一方面，要推进政策评估，包括前评估的机制建设，在明确政策评估范围的基础上，引入社会专业力量进行评估。如 2012 年，上海闵行区在全市率先出台了《关于推行公共政策评估的实施办法》（试行），“办法”提出，对于事关区域经济社会发展全局、与人民群众利益较为密切、具有全区指导意义和普遍约束力的分配性规定和管制性规定，要建立包括前评估、中期评估和后评估在内的全过程政策评价体系，重点评估公共政策设计中可能存在的缺陷、政策实施后可能出现的负面效应，检验政策制定和执行效果。上海闵行区的这一探索很有现实意义。

（三）政策间的协调问题

公共政策的公共性，决定了一项政策的出台不仅会影响到行政相对人，也会影响到其他部门的政策制定或实施效果，这就是公共政策所引发的“超域效应”。同时，行政权力的分部化和公共治理的强调，更凸显了政策协调与整合的价值。正是基于此，整体性治理的理论就在这里找到了用武之地。

整体性治理理论的提出者英国教授佩里·希克斯(Perry)认为，整体性治理并不是新鲜的东西，政府机构间的合作、协调和整合，不管它被叫作“协同性的、整体性的还是整合的或协调的，所有这些一直都是被政府组织看作是要追求的目标”[①]。他在另一篇文章中指出了整体性治理中进行跨界合作的四个层次：政策制定中的协同或政策协同；项目管理中的协同或项目协同；服务供给(包括管制)中的协同；面向个体的服务协同，即几个部门围绕特定客户的需求与偏好，协同提供综合而有个性化的服务。[②]可见，政策协同或者是政策整合是整体性治理的首先任务。在该理论的观照下，公共政策制定要注意解决好以下四方面的问题：

首先，要排除相互破坏的政策情境。所谓政策情境是指以可观察的符号系统表现出来的体现政策问题的客观状态与事实。当公共政策涉及不同部门时，政策制定的协同首先体现在不同部门对现实中表现出的政策问题的客观性有一致的认定，不能一个部门看到的是此问题，另一部门看到的是彼问题。一定程度上存在的对问题量或质看法上的一致性，这些

---

① 竺乾威主编:《公共行政理论》,复旦大学出版社 2012 年版,第 453 页。

② Perry, Joined-Up Government in the Western World in Comparative Perspective: A Preliminary Literature Review and Exploration, *Journal of Public Administration Research and Theory*, 2004, 14(1): pp.103—138.

是各部门进行合作、政策协同的前提。

其次，共同使用稀缺资源。整体性治理所要解决的问题是碎片化的管理格局。资源的分散化是管理碎片化存续的前提。在整体性治理中，各治理主体间的相互合作除了要有一定的共享价值观外，更重要的是它们必须愿意交换资源，甚至共同使用某些稀缺的资源。在一定意义上，共享各部门的资源是政策协同所要追求的重要目标之一。

第三，促使政策领域中不同利益主体的合作。在公共政策制定中，整体性治理除了要促使各主要治理主体间，即政府机构间的合作外，也要创设条件，让政策所涉的各利益主体合作。比如在区域环境治理中，既有各层级政府间的合作，也有各企业的合作，后者合作的广度和深度直接影响到环境治理的效度与可持续性。

第四，为公民提供无缝隙的服务。整体性治理的最终目的是要为利益相关者提供无缝隙服务。在政策协同中要考虑已有的体制框架或政策是否会留下管理上的空当与真空，这些管理上的空隙是政策协同应该填补的。否则，民众的利益就会受到侵蚀或不利影响。比如毒豆芽的监管问题，在某些地方，政府的各相关部门面对毒豆芽泛滥的局面，都有“卸责”的冠冕堂皇的“合法”理由：工商部门表示，对食品生产领域的监管，应由质监局管；质监部门表示，豆芽菜属于初级农产品，归农业主管部门监管合适；农委部门则表示，豆芽菜不是初级农产品，是初级农产品的加工品，不应由农业行政部门负责监管。各部门在相互推诿中留下了监管真空，最终损害的是广大消费者的身心健康。

公共政策制定中的政策协同是现代社会多元共治的需要，也是解决面对共性问题或跨界问题的必然选择。在现实中，公共政策不协同的情况时有发生：要么是各部门出台的政策文件明显相互冲突，如几年前《齐鲁晚报》报道，要报考驾校教练员，济南市交通部门要求必须开车五年，无重大以上交通责任事故记录，而交警部门只能开具三年的证明。这一规定让济南要报考驾校教练员的人无所适从。要么是出台的政策文件明显违背上位法，《法制日报》2004 年 4 月 8 日以《“买路钱”卡住救命车》为题，报道了一起发生在哈尔滨市的“红头文件打架”事件：2004 年 4 月 5 日，一辆 120 急救车因通行费问题被阻收费站。收费站依据黑龙江省交通厅于 2000 年下发的《哈尔滨机场专用高速公路机动车辆通行费征收管理办法》，要求急救车缴纳 30 元通行费，而急救车则依据黑龙江省物价局、交通厅、财政厅于 2003 年联合下发的《关于对“120”急救车免征通行费的通知》拒绝缴纳。双方就收费问题争执不下，致使一名等待急救的危重病患不治身亡。据交通部、财政部、国家物价局于 1988 年联合下发的《贷款修建高等级公路和大型公路桥梁、隧道收取车辆通行费规定》中第 7 条的规定：“除正在执行紧急任务的设有固定装置的消防车、医院救护车、公安部门的警备车外，对其他任何机动车辆均应一律收取通行费。”可见，2000 年下发的《哈尔滨机场专用高速公路机动车辆通行费征收管理办法》直接违背了交通部等部门制定的部门规章。

现实中之所以会出现这些政策、法律协调上的问题，从表象上看可能是部门利益驱动，在深层次上看是政府机构的职能边界模糊和“条”“块”“激励不相容”的产物。

在中国现行的体制框架下，地方政府都是上级政府的执行机构，一般而言，除外交、国防外，上级政府所拥有的职权，下级或基层政府也基本都有，这就是所谓的“行政全能”；但下级政府职责的履行却需要上级政府的合法性和财政资源上的支持，这样地方或基层政府就又陷入了所谓的“行政无能”的状态之中。地方政府这种“悖论式”的职能状态直接导致了与上级政府合作的某种选择性，尽管在表面上它们无法选择，也无讨价还价的权力与机会，但是它们却能以“上有政策，下有对策”的机会主义手段来选择性制定或执行对自己有利的公共政策，从而让纵向的真正的政策协同难以发生。要改变这种职责模糊性或执行上的选择性局面，在纵向上形成真正的协同状态，必须厘清中央及其各地方政府的法定职责，并通过财税体制改革保证这些职责履行所需要的经济基础。这样，纵向的行政合作包括政策协同，就有法律上和经济上的双重支撑。

在“条”“块”关系上，由于“条”工作与职能的单一性同“块”工作与职能的综合性间的矛盾，导致了两者间的激励不一定相容。特别是在以“GDP论英雄时代”，经济发展成为

“块”工作的首要任务，相关“条”的工作，如教育、卫生和民政等就成为次要的任务，是所谓的“软指标”。也就是当“条”与“块”的激励不相容时，两者就很难进行实质性合作，包括政策上的协同。前几年教育部副部长张宝庆就发出“政令出不了中南海”的感慨，其根本原因就在于“条”“块”间的激励机制不完善。在基层社区的行政执法领域，“条”“块”间的矛盾也很明显，被一些人概括为“看得见的管不着”，“管得着的看不见”。为了解决此问题，2014 年的上海“一号课题”就聚焦在创新社会治理、加强基层建设上，出台了“1 + 6”文件，明确了街道必须告别招商引资，并赋予其在履行公共服务、社会管理等职责上的权威与资源，即“按照权责一致原则，科学界定条块职责。坚持重心下移、资源下沉、权力下放，赋予街道党工委对区职能部门派出机构负责人的人事考核权和征得同意权，赋予街道规划参与权和综合管理权，赋予街道对区域内事关群众利益的重大决策和重大项目的建议权，强化对街道考评职能部门派出机构结果的应用。实行市、区职能部门职责下沉街道的准入制度”。上海的这一做法为基层条块关系的理顺奠定了制度性基础，从而也为“条”“块”间的政策协同提供了制度保障。

最后，要提高政策协同效果，要建立起法治化的政策协调机制。在中国一些地方的行政协调，过分倚重“人际协调”和“高位协调”。比如，在福建某地级市，在一段时间，其政府办公室一个秘书长手下有 18 位副职，其中副秘书长就有 13

位，形成了所谓的“副秘书长”现象。“副秘书长”现象将这一地方行政协调的人格化与高层化揭示得淋漓尽致。《人民日报》曾报道，流经9个欧洲国家的莱茵河，仅由一个12人组成的莱茵河国际委员会有条不紊地管理着。该委员会之所以能有效运转，得益于其充满智慧的制度化设计：如设立了100多人的注册通报员，这些人都来自沿河的自来水公司、矿泉水公司、食品加工厂等“用水敏感企业”；同时，让流域下游国家唱主角，按照制度设计，尽管委员会主席按照规定期限轮转，但委员会的秘书长却总是荷兰人。[①]莱茵河治理的主要经验就是依靠这一科学的制度化协调机制。人治化或高层化协调的弊端在于对协调对象的选择性，而能够进入高层或领导人视野的那些问题不一定是社会真正需要解决的问题，而真正需要解决的问题不一定能进入领导的视野。为了增强协调的科学性与有效性。必须建立起法治化的协调机制，一旦某些社会公共问题发生，相应的程序化协调机制能立即启动，政策的制定系统或执行系统就马上能投入运转。

① 《跨流域治污可借鉴“莱茵河模式”》，《人民日报》2012年2月4日。

第二章
公共政策执行

一项好的公共政策仅制定出来还是不够的，还需要去说服和组织贯彻。公共政策发生作用的机理，是在发现公共问题后，给人们提供某些规范，通过人的行动的改变，进行利益调整，从而解决现实的社会公共问题。这要求政策的执行者在贯彻政策时驾驭全局，调动大多数人的积极性，化消极因素为积极因素，努力实现政策目标。

一、公共政策执行是政策目标实现的关键

政策执行是政策过程的关键环节，是政策传导机制中的关键部分，整个政策功能的实现有赖于有效的政策执行。美国学者艾利森(Graham Allison)认为，在达到政府目标的过程中，方案确定的功能只占10%，而其余90%取决于有效的执行。

（一）准确理解公共政策执行

公共政策执行是指政策执行者通过建立组织机构，运用各种政策资源，选择相应的政策工具，采取宣传、试验、实施、协调与监控等各种行动，将已合法化的公共政策付诸实践，从而实现政策既定目标的动态过程。

在我国，政策执行是地方政府特别是基层政府的主要职能，负责维护公共秩序，提供公共服务，执行法律规范，处理违法行为，确保中央政策在本地的落实。政策执行不到位，公共政策就只能是“空中楼阁”。

1. 实现政策既定目标

政策执行是直接、具体地解决问题和实现目标的过程。没有有效的执行，政策构思再完美、设计再精致，也是一纸空文。政策执行得好，可以圆满完成政策任务，甚至可以通过创造性的执行活动来弥补政策规划的不足，提高政策效益。

2. 发挥政策实际功能

政策功能是政策对社会生活的广泛影响和作用的具体体现，比如引导人们的行为，调节社会关系，促进经济社会发展。要现实地发挥政策功能，就必须依赖于有效的执行。

3. 检验政策内容质量

政策方案的选择是否合理，政策工具的选择是否科学和适当，需要通过政策执行来检验。在政策制定阶段，制定者无法对一切可变因素和情况进行准确的预测，因此，政策方案和政策工具在实施时，其缺陷和不足就会反映出来。通过政策执行，不仅可以检验政策质量，还可以充实和完善政策，从而提高政策的质量。

4. 追踪评估改进政策

政策方案经由执行的检验后，通过政策调整来修正、补充、完善和发展。在政策执行过程中，必须追踪执行活动，评估执行效果，为政策的改善、改进和递进提供信息、经验和建议。因此，政策执行者除了执行政策外，还承担着总结经验、评估政策、参与政策完善的责任。

（二）公共政策执行的步骤和过程

政策执行实际上是由一连串的步骤构成的复杂过程。政策执行的微观流程大体上包括以下主要环节，每一个环节都会成为反馈过程并与它之前的环节发生作用。当然，不是每一项政策都需要经过所有的步骤，不同的政策需要“着墨”的重点步骤也各不相同。

1. 政策执行的宣传

政策宣传是政策执行过程的起始环节，是一项重要的功能活动。政策执行活动是由许多人员一起协作完成的，是政策的执行主体与政策对象以及政策环境之间复杂的互动过程。要使政策得到有效执行，首先必须统一政策对象和社会公众的思想认识。政策宣传就是一个有效手段。政策执行宣传的目的，是让政策对象进一步了解政策，重点在于发动公众参与。同时，这种宣传既是对外的，也是对内的，其中包括对执行者的宣传。执行者只有在对政策的意图和政策实施的具体措施有明确认识和充分了解的情况下，才有可能准确地执行政策。因此，政策执行机构要善于运用多种手段，宣传政策的意义和内容，宣传政策执行的步骤和措施，努力做到对执行对象的全覆盖，提高政策知晓度。

延伸阅读

宣传需要“萌思维”

2011 年 12 月，上海地铁二运、长宁区交警总队、市公安局轨道公交总队虹桥派出所联合制作了系列“拒绝黑车、文明出行”主题宣传漫画，在上海轨交 2 号线部分重点车站张贴。在轨交车站向广大市民乘客宣传“拒绝黑车、文明出行”的理念，这还是首次。①

当前，中国社会的很多领域已发生深刻变化，尤其是以网络为代表的新媒体已经深刻影响舆论走向和人们的思维习惯。新媒体环境下的宣传活动需要更多“萌思维”。“萌宣传”、“萌力量”并非严谨的学术语言，至今并未有权威定义。这里主要是指通过动漫、漫画、吉祥物等方式开展的信息传播活动。首先，在形式上，新媒体受众相信“图胜于文”，“视频胜于图”；其次，新媒体更注重感性思维，更偏好故事化传播；第三，在风格方面，报纸等传统媒体更多地讲求理性思维，新媒体更注重感性风格，具体

---

① 王建慧：《张贴漫画宣传“拒乘黑车”》，《新闻晚报》2011 年 12 月 12 日。

表现为可爱、卖萌、调皮等方式的信息提供。可以预见，随着新媒体影响力的扩大，以及80后、90后以至00后逐渐走向社会并成为社会中坚，会有越来越多的“萌宣传”出现在政治传播、组织传播、公益传播、商业传播等领域。[①]

---

2. 政策执行的准备

充分的准备，为政策执行提供必要的条件。因此，在政策方案中，往往会给执行预留准备的时间，并充分考虑现有的执行条件，为必要的执行投入提供依据。

确定政策执行机构是准备阶段中首要的任务。常规性、例行性政策的执行，应由常设的执行机构承担，不必另建机构，有时也可用提高常设机构地位或者改组机构的方式，保证政策顺利执行。如果遇到非常规性或者紧急而重大的、牵涉面较广的政策，则可组建临时执行机构，但应在政策目标实现后及时撤销。

具体执行者的组织和培训。人是组织中最能动、最活跃的因素，是组织行为的主体。一项政策的执行效果与执行者的执行能力、团队意识以及政策素质有着很大的联系，因此必须对具体执行者进行培训和培养。

必要的物质和经费准备。物质与经费准备是政策执行顺利的经济基础和重要保障。执行者应根据政策执行活动中的

① 赵新利、廖嘉琛:《新媒体宣传需要“萌思维”》,《青年记者》2014年11月(上)。

各项开支编制预算，并经过有关部门批准，以落实经费。经费是政策执行机构生存和发展的命脉，是政策有效执行的根本动力，其必要的设备，包括交通工具、通讯工具、技术机械设备、办公用品等，是政策执行得以顺利进行的必要条件。

制定详细的执行计划。计划就是根据实际情况，在学习和理解政策的基础上，制定出旨在达到目标的未来行动方案。一般来说，一项政策的推出，往往是从宏观、战略的角度指出实现政策目标的基本方向，具有抽象性，与实际情况可能有所出入，甚至存在某些方面的冲突。因此，政策执行机构就需要在调查研究的基础上，对政策加以具体化，对总体目标进行分解，编制出政策执行活动的“施工图”，明确工作任务指向。

3. 政策执行的试验

政策在大规模实施前必须进行一定范围的试验性贯彻，一般是挑选一些条件最有典型性的区域加以试验，目的是取得经验，为面上推广提供资料与信息。政策试验一定要按照科学的方法进行，大致包括三个阶段：

选择试验对象。选择试验对象或试点，要根据政策方案的要求进行，必须在全局性情况中选择具有典型性条件和普遍性特点的地区或者单位进行。以我国的“三农”政策为例，在具体执行中首先选择农业大省，以及在农业方面具有创新精神的地方。司法体制改革的试点，则既包括发达地区，也包括不发达地区。

设计试验方案。 试验方案是针对实验对象的实际情况试行政策内容的计划书。 设计试验方案有利于正确指导试验工作，加强针对性、方向性和目标性。

总结试验结果。 分析和总结试验结果是政策试验过程中最关键的一个阶段，是为政策全面推广和政策执行再决策提供直接性的经验数据和材料。 总结不当或不科学，必然导致政策试验的失效或失败，从而可能误导政策的全面推广和政策执行再决策。 因此，总结试验结果要强调实事求是、全面客观、深层发掘、理性思考。

4. 政策执行的推广

在政策执行试点后，根据总结的试点经验，适当对政策进行调整，并在面上推广政策试点的经验。 政策执行的推广是在政策规划的实施范围与层次上全面贯彻政策，这是一个将政策规定与具体实际相结合的过程。 政策执行者的创造性对政策推广有很大影响。

延伸阅读

上海自贸试验区试点经验的总结与推广

2014 年 10 月 27 日，习近平主持召开中央全面深化改革领导小组第六次会议并发表重要讲话。会议审议了《关于中国(上海)自由贸易试验区工作进展和可复制改革试点经验的推广意见》。习近平强调，上海自由贸易试验区成立以来，在党中央、国务院领导下，在中央有关部门和上海市委、市政府共同努力下，以制度创新为核心，以形成可复制可推广经验为要求，在简政放权、放管结合、加快政府职能转变、体制机制创新、促进贸易投资便利化以及营造市场化、国际化、法治化营商环境等方面，进行了积极探索和大胆尝试，取得了一系列新成果，为在全国范围内深化改革和扩大开放探索了新途径、积累了新经验。党的十八届三中全会提出，要在推进现有试点基础上，选择若干具备条件的地方发展自由贸易园(港)区。上海自由贸易试验区取得的经验，是我们在这块试验田上试验培育出的种子，要把这些种子在更大范围内播种扩散，尽快开花结果，对试验取得的可复制可推广的经验，能在其他地区推广的要尽快推广，能在全国推广的要推广到全国。[①]

5. 政策执行的检查和监督

在政策执行的过程中，必须及时进行实施情况的检查和监督。比如上海市人大每年都组织人大代表进行法规执行情况的检查，市政府及有关委办局到区县政府、企事业单位进行政策法规执行情况的检查等。政策检查的目的是总结实施的经验及存在的问题。如果发现因为政策制定得不合理导致执行不到位，就要及时调整政策。在检查中发现执行机构及其人员贯彻

① 《习近平：全面推进依法治国也需要深化改革》，新华网 2014 年 10 月 27 日，http://news.xinhuanet.com/politics/2014-10/27/c_1112998021.htm。

落实政策不准确、不到位的，及时进行整改并依法追究责任；政策对象违反政策法规的行为，由法定机构依法进行处理。

（三）公共政策执行的基本要求①

政策执行，是将预设的政策设计经由政府的行动或者政府与社会的协同行动，达到预期的现实社会的结果。政策实际执行的过程及其可能产生的结果，并不为决策者控制。这就要求政策执行机构及其执行者能够遵循政策执行的基本要求。

1. 理解政策目标，掌握政策内容

政策目标是政策的灵魂。每项政策都有作为整体的政策目标，政策执行会有具体的执行目标。这些执行目标也就是一个个分目标。在政策运行中，政策总体目标既是政策执行的起点，也是政策执行的归宿。要确保政策的忠实执行，就必须坚持以政策总体目标为导向，将执行目标或分目标与总体目标统一起来。衡量政策执行成败得失的根本标准就是政策执行有没有实现政策的总体目标。

高层次的、整体的、长远的政策的总体目标往往是战略性、方向性的，比较原则、比较抽象。政策实际贯彻落实时，需要根据执行机构的责任和能力，并按照时序来对政策的总体目标进行分解。政策总体目标在纵向、横向或时序上被分解到各个层次与各个方面，形成政策分目标体系。这是政策总体目标的展开。对政策总体目标的分解要按照整合原则

① 本部分内容参见严强主编：《公共政策学》，社会科学文献出版社 2008 年版，第 205 页。

进行，分目标要保持与总目标方向一致，各分目标上下、前后、左右之间必须贯通。

执行目标与政策目标相统一的原则要求政策执行者认清政策总体目标，把思想认识和行动统一到政策总体目标上来。要防止和避免执行目标即政策的分目标取代、干扰，甚至破坏政策总体目标的实现。只有加强对政策执行过程的督查和控制，及时发现和纠正偏离政策总体目标的执行行为，政策执行才能科学合理。

2. 严守政策底线，合理运用裁量权

政策作为指导和规范人们正确行动的依据和准则，它本身体现着事物的本质和规律，在实施的过程中，需要有高度的原则性。原则性是政策本质的体现。只有坚持政策的原则，才能维护政策的统一性、严肃性和权威性。这就要求执行者对于执政党和政府的政策必须认真地、全面地、坚定不移地贯彻落实，不允许打折扣；不允许自行其是，各取所需，合自己意的就执行，不合自己意的就不执行；不允许采取“上有政策、下有对策”或“你有政策、我有对策”那一套阳奉阴违的做法；更不允许从私利、小团体狭隘的或眼前的、局部的利益出发，而置执政党和国家全局的、长远的、整体的利益于不顾。

在政策允许的限度内，从实际出发，也可以采取灵活多样的执行方法和手段，创造性地执行政策。灵活性也是政策实际的本质要求。政策执行之所以必须具有灵活性，是因为：

首先，从纵向来说，政策具有层次性。一般来说，重要的政策是高层次的政策，是面向全国的，往往带有方向性、原则性的规定，既是明确的又是原则的。特别在一个幅员辽阔的大国中，各地情况千差万别，不可能用统一的详细规定、统一的具体方法去处理不同性质、不同发展程度的问题。这就要求政策执行者必须因地制宜地执行政策。

其次，从横向来说，国家规定的政策，除了总政策外，往往还有许多国家机关制定的具体政策。这些政策常常具有相关性。从总体上看，它们是统一的，从局部看难免会出现矛盾。在这种情况下，就需要执行者灵活掌握。

最后，即使是同一个政策，也总有一个具体的作用幅度和界限，这给政策实施的灵活性留下了余地。政策执行不是依葫芦画瓢，其中要融进执行者的智慧、才干、创造力和能动性。只有灵活地执行政策才能真正把政策目标落到实处，发挥政策的功效。机械地、盲目地执行，必然会带来政策执行的低效率，使政策执行不好，甚至执行不了。

政策执行中的原则性和灵活性是辩证统一的。原则性是灵活性的基础，灵活性是原则性的要求。没有原则性就无所谓政策，缺乏灵活性，政策的具体作用就难以实现。灵活性程度的临界度以不超过原则性规定的界定为准，原则性要给执行者留有创造性的余地。离开原则性的灵活性必然走样，必然变成随心所欲、各自为政、没有章法；离开灵活性，原则性也坚持不好，就可能变成空洞的说教，工作就会出现“死水一潭”的局面，缺乏生机与活力。因此，在政策执行中，必须把原则性和灵活性有机地结合起来。毛泽东特别强调在实施政策时，要将原则的坚定性与策略的灵活性有机结合起来。把当前斗争和长远斗争、当前利益和长远利益结合起来，要坚持说服和争取人民的大多数，善于利用矛盾争取同盟者。

3. 严格履行职责，鼓励柔性协调

政策是刚性的，强调权威性、强制性、原则性的统一，它是针对无政府性、随意性和无原则性而言的。刚性制约是权威的、强制的，是权力的体现。这种制约对下级是命令和服从的关系，对平级是分清责任和相互负责的关系。

实行刚性制约，表现为从行政组织的顶部扩展到底部的相互关联而不间断的命令服从关系，从底部向顶部的每一层次，都要对上级负责，对上级的决定要无条件地贯彻执行，不能打折扣，不能截留，不能从中作梗。遵循刚性制约就需要相互配合，在统一命令的前提下，政府各部门之间和上下级之间必须分工协调和责任分配。相互配合是必须的、强制的和严格的，不允许有相互推诿、争权夺利的现象。

刚性制约是以必要的强化手段作为支撑的，具体指向责任的指定性、障碍的排除性和违规的惩罚性。责任的指定性，要求在执行政策时，上级领导要对下属的责任进行分解、明确任务，并指定下属必须在总目标的规范下，完成自己对政策落实的责任。这里的责任不是可有可无的，也不是似是而非的，而是指定的、必须实现的。障碍的排除性，要求在政策执行一旦出现梗阻、截留等现象时，能够及时、坚决地排除，能够变被动为主动，变堵塞为通畅，变走样为复原，使政策按正常轨道落实。违规的惩罚性，是对政策执行不利者，轻者教育使之悔改，重者处罚，按失职渎职处理。

政策执行也有柔性协调的一面，主要体现在政策执行过程中组织上下级、平级以及执行者之间的相互协调、信息沟通、相互配合、利益互让等。一般来说，管理、指挥、教育、说服的行为会导致接收、服从的反应；帮助、支持、同情的行为会导致协助和温和的反应；赞扬、请求帮助的行为会导致帮助的反应，等等。运用柔性协调，会化解矛盾，增进相互理解和信任，在政策落实中起到事半功倍的效能。

刚性制约固然在一定程度上起到保障政策执行的作用，但是这种制约是严格依照组织职权划分来进行的，容易忽视诸如组织机构内部的复杂状况、组织外部环境的变化、组织中人员的心理反应等因素。这就需要有柔性协调来配合。如果只一味地采用刚性制约的强化落实，就会受到组织内部的复杂性和人员心理反应的抵制，超越客观环境许可的条件，刚性制约也就会失效。因此，为了政策的有效执行，必须实行刚性制约与柔性协调互补。对于重大的有关全局的政策，对于持久性的关键性政策，使用刚性制约可以相对多一点。对于局部的政策、非关键性的政策，则可考虑多一点柔性协调。

4. 保证执行效率，关注执行效果

政策执行的时效性是由实现政策目标的总体计划和要求决定的，大凡政策都有时间的要求。只是有些政策的时间要求随意一点，有的时间要求则非常严格。政策执行时要有极强的时限意识，贯彻政策必须雷厉风行、迅速果断。如果行动迟缓、拖拖拉拉就会坐失良机，贻误大局，使政策失去执行的意义和价值。

与政策制定相比，政策执行更讲求权力的集中和行动的迅速。在政策制定过程中应遵循决策的科学规律，按照政策制定的程序一步步进行，宁慢勿错，不能片面追求效率。而在政策方案获准实施后，则应注重速度，在尽量短的时间内以最小的成本实现政策目标，注重政策执行的时效性。

但是政策执行也不能一味地盲目求快。过快了就可能不好，操之过急，反而会欲速则不达，这就需要在注重速度的同时兼顾效果。政策目标的实现过程是一个处理各种既有的和新出现的矛盾的过程，需要实事求是，冷静分析，处理好各种关系，稳妥解决所遇到的问题。需要根据实际情况，安排好执行工作的轻重缓急，先急后缓，先重后轻，既积极又稳妥地接近和实现政策目标。

5. 执行公开透明，引入公众参与

政策执行过程中要坚持发扬民主。在实施政策时，要广泛吸取群众所提出的建议和设想，集思广益，将大家的意见集中起来，然后采取一定措施，贯彻到工作中去。要贯彻政策执行的民主集中制，就要实行政策执行的公开化，让人民群众了解和知晓执行过程，倾听他们对政策执行的意见和建议，并主动接受他们对政策执行过程的监督。在实行民主的同时，也要实行集中。做好目标群体中少数对政策有抵触情绪的成员的思想转化工作，引导他们服从大局。敢于和个别歪曲、干扰，甚至破坏政策执行的人和事作坚决的斗争。

政策执行中要避免两种倾向，一是权力高度集中，甚至走向专制主义，表现为政策执行者只能机械被动地执行政策，无从发挥主动性和创造性，执行过程中采取简单粗暴、强迫命令的工作方法，带来政策执行的僵化和教条主义。二是极端民主化，表现为对政策上随心所欲的自由主义、以自我利益为中心的本位主义。

当前，要特别关注决策边缘层以及非主流群体的利益诉求。因此，更应当构建公开透明的政策执行程序，把各种政策社群纳入执行视野，让执行过程接受公众参与、讨论、监督，从而让更多的一般公众有机会表达利益并参与政策活动。比如，招募交通志愿者维持十字路口的秩序，对举报违反食品安全法规行为的个人或者组织进行奖励等。

二、实现有效的公共政策执行

细节决定成败，政策执行同样如此。有效的政策执行，其要旨也在细节之中。公共政策虽经发布，但在付诸实施的过程中，受到一些因素的影响，不可避免地会发生变化。不管公共政策筹划得多么精良，客观存在的因素会使执行情况难以尽善尽美。如果政策执行时曲解政策目标和内容、滥用裁量权、“暗箱”操作，执行阶段极可能成为政策“美梦”破灭的场合。我们需要了解究竟有哪些因素影响了政策执行，学会选择和运用恰当的政策工具，努力实现有效的公共政策执行。

（一）了解公共政策执行的影响因素及其相互关系

公共政策执行是一个由多个因素相互作用的过程。只有对这些因素加以系统分析，才能成就执行条件，排除执行障碍或梗阻，完成政策执行任务。

在理论上，对政策执行中不同因素的强调，以及对强调的因素之间关系的不同理解，产生了众多有关政策执行的分析模型，比如，马丁·雷恩(M.Rein)和弗朗西·拉宾诺维茨(F.F.Rabinovitz)提出的政策执行循环模型，T.史密斯(T.Smith)提出的政策执行过程模型，E.巴德克(E.Bardach)提出的政策执行博弈模型等。

结合我国政策执行实践，本节借用C.霍恩(C.E.Van Horn)和D.米特尔(D.S.Meter)的政策执行系统模型，来讨论影响公共政策执行的因素及其相互关系。霍恩和米特尔认为，在政策决定和政策实际效果之间存在许多变量因素，这些变量因素既有系统本身的，也有系统之外的，共同影响着政策决定与政策效果的关系。具体来说，有六个方面，即政策目标和标准、政策资源、组织间的沟通与强化行动、执行机构的特性、经济与政治环境、执行人员的偏好，它们相互之间具有一定的影响和制约关系。

考虑到我国的政策执行实践，我们认为影响政策执行的因素有六个方面。（见图 2.1）。

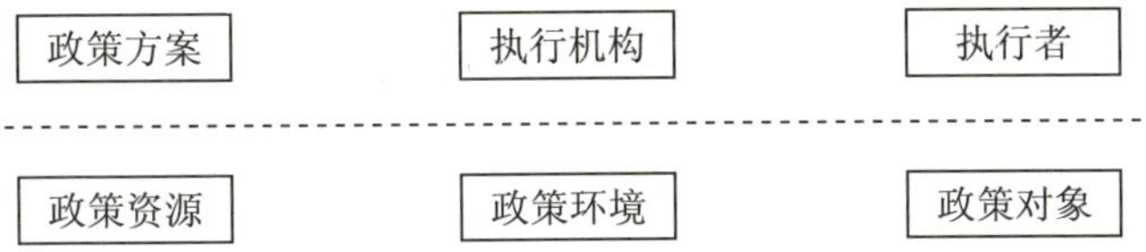

图 2.1　公共政策执行的影响因素

延伸阅读

政策执行的理论模型

20 世纪 70 年代中期以后，政策研究者纷纷根据自己的学识背景，从各种不同的角度来研究影响公共政策执行的因素，建立起若干政策执行的理论模型，以期帮助人们更有效地了解问题、发现问题和解决问题，这些理论模型主要有以下六种：

（1）过程模型。这是由美国学者 T.B.史密斯（T.B.Smith）在《政策执行过程》一文中，首次提出的一个分析政策执行因素及其生态—执行的理论模型，因而又称为“史密斯模型”。（2）互适模型。有些学者称其为“互动理论模型”。这一模型的构建者是美国学者 M.麦克拉夫林（M.Mclanghin），其代表作是写于 1976 年的《互相调适的政策实施》。（3）循环模型。当代美国公共政策学者 M.雷恩（M.Rein）和 F.拉宾诺维茨（F.F.Rabinovitz）在 1978 年构建了一个以循环为特色的政策执行分析框架——

"雷恩—拉宾诺维茨模型"。(4)博弈模型。用"博弈"论来分析政策执行,以美国公共政策学者E.巴德克(E.Bardach)为主要代表。他视政策执行为一种"游戏"或赛局(game)。(5)系统模型。又称"霍恩—米特模型",这是两位美国学者霍恩(C.E.Van Horn)和D.米特(D.S.Meter)提出的一个政策执行模型。(6)综合模型。这是由美国学者D.梅兹曼尼安(D.A.Mazmanian)和P.萨巴提尔(P.Sabatier)提出的,因又被称作"梅兹曼尼安—萨巴提尔模型"。这一模型从多个视角大量地考察了影响政策执行的各种主要变量,为我们分析、指导政策执行提供了一个较完备的思考与实践框架。[①]

1. 政策方案

政策方案的制定与政策执行前后相继,相辅相成,相互制约。政策方案通过政策执行来实现其意义和价值,而政策执行以政策方案为基础和依据。政策方案在很大程度上决定了政策执行的过程,决定了政策所能获得的最终结果。不论政策执行过程的变化多大,政策执行活动基本上是根据政策方案所规定的内容进行的,否则就不是政策执行了。

2. 政策执行机构

在我国,绝大部分行政机构都属于政策执行机构。执行机构应做到设置完备、权责明确、分工合理、界限清晰,防止

① 严强主编:《公共政策学》,第223页。

出现争功诿过、互相扯皮的混乱现象。执行机构还要有良好的沟通协调机制，能与外界环境的输入输出保持畅通和密切的关系。组织内部的年龄、专业、能力、素质等结构配置合理，有利于形成团结向上的、凝聚力强的学习型组织文化，建立团队合作型的执行机构。

随着政府职能转变与政府管理体制改革的推进，越来越多的非政府组织参与到政策执行中来。承接法律法规授权、政府委托或者购买的政策执行任务，或者为行政执行机构提供专业性、技术性、辅助性的服务，或者帮助政策对象与执行机构协商、沟通、谈判，等等。这些非政府组织是一种“准执行机构”，逐渐成为政策执行中不可或缺的主体。

3. 政策执行者

任何一项政策最终是由一定的执行人员去贯彻实施的。执行者对政策的认同、创新精神、高度责任感、较高的政策水平和管理水平是政策得以有效执行的重要条件。如果政策执行人员缺乏必要的知识和能力，不能很好地把握政策精神实质，不能透彻地理解政策，造成政策失真，就会在传达、宣传、执行政策时扭曲政策、曲解政策。

政策执行者要求具有专业管理方面的知识技术和实践经验，较强的政策理解能力以及沟通、协调能力；善于用人，做到人尽其才；具有宽广的胸怀，善于处理人际关系；讲求工作效率，善于从实际出发，采取机动灵活、与时俱进的方式方法，有步骤、有次序地实施政策。

4. 政策对象

政策对象是那些受政策作用和影响而需要重新调适行为的群体。政策执行的目的是为了影响或改变政策对象的利益或者行为，即政策指向的目标群体的利益改变或者行为改变。政策效能是在政策执行者与政策对象的互动中产生的。虽然政策对象一般处于被动地位，但是他们也以自己的行为方式反作用于政策执行者。政策在执行过程中，如果得到政策对象的支持和遵守，政策效能就高，反之效能就低下。

5. 政策资源

“政策执行要投入一定的资源，方能达到既定的政策目标。资源的投入对政策的执行有如赋予活力。”任何一项政策的贯彻落实都离不开人力、物力、财力、信息资源以及权威资源的投入，这些政策资源是政策执行活动能够顺利开展的重要保证。缺乏必要的用于政策执行的资源，政策执行的结果就不可能达到理想的效果，甚至良好的政策可能“胎死腹中”。美国一位负责防治空气污染的州政府官员也曾说过，执行计划的构想，设定流通空气的质量标准，以及建立计划的目的以配合那些标准，均是极佳的创意，但执行的成果有赖于执行人员所能得到的何种何量的资源。[①]可见政策资源是政策执行的必备条件。政策执行迫切要求提高物资设备的先进程度，利用先进的科学技术，快速、准确地处理政策信息，实现公共政策

① 参见王慧军:《浅析地方政府政策执行力》,《天津行政学院学报》2010 年第 3 期。

执行的高效。

6. 政策环境

公共政策执行的政策环境，主要指政治环境、经济环境、文化环境、国际社会大背景，包括社会民主的发育程度，技术水平的高低等，为执行提供系统外在的环境，与政策执行不断进行各种资源和信息的交流，直接影响执行的效能。

政治环境不仅可能影响政策对象对政策的接受程度，而且还会影响到政策执行者所采取的行动。通常包括政治制度、政治文化、民众的支持与大众传播媒介以及国际国内政局等。

经济环境的变化会影响政策对象、一般民众，甚至执行者对政策目标的支持，也会影响执行者的执行效率和政策目标的实现。一般情况下，经济越是富有活力，就越有助于各项政策的有效执行；反之，不良的经济环境则会引起人们在认知上、情感上以及评价上的改变。就有些政策本身而言，其作用的发挥也取决于它所处的经济环境，例如，在经济萧条时期，就业政策就很难发挥作用。

一定的社会心理态势是政策能否有效地得以执行的重要条件。对政策的有效执行具有决定作用的社会心理因素，就是广大民众特别是政策对象对所实施政策的心理承受力。所谓心理承受力，就是一系列变革对社会造成的心理震荡幅度，以及民众对政策的理解和支持程度。政策能否有效地执行，与社会心理承受力有十分密切的关系。当民众的心理承受不了某项政策时，即使政策本身设计得再好，也是难以实施的；反之，如果某项政策符合民众的心理，那么它就会得到民众的拥护，就能够为民众热心接受。我国改革开放政策之所以能够得到较好的执行，一个重要的原因就是它得到了广大人民的衷心拥护。

在实践中，这些影响因素及其相互关系的不同组合，加上在传统政治文化下形成的非正式制度，我国的公共政策执行展现出其特殊性和复杂性。对此，中西方学者做出了不少具有竞争性的理论解释，有学者将其归纳为三种模型，即官僚制模型、政治动员模型和博弈模型。[①]这些模型在一定程度上对理解中国的公共政策执行有所帮助。

官僚制模型关注的问题是，中央(上级)政府应该如何控制或者协调地方(下级)政府的行为以实现政策目标。这涉及决策机构与执行机构以及不同层级执行机构之间的关系问题，如果信息沟通不畅、政策认同缺乏、监督不能到位、体制“条块分割”，就会影响到政策目标的实现。政治动员模型，关注的是通过意识形态或政治控制在政府组织内外的动员来驱动政策执行。这涉及政府执行机构和执行者的动员能力，以及政策对象的响应度和配合度的问题。应当说，改革开放以后，政府组织内部的政治驱动政策执行仍然是强有力的，而组织外部的群众动员日渐式微。这种通过类似“一票否决”、“行政指标”的设计，驱动政府特别是其主要领导确保政策执行，非常有效却加强了个人权威，阻碍了法理权威的确立，形成了路径

① 龚虹波:《中国公共政策的理论模型述评》,《教学与研究》2008 年第 3 期。

依赖。当体制和制度约束“疲软”时，政策执行就出现了众多异化的现象。博弈模型认为，中国的公共政策执行是决策者与执行者、执行者与执行者基于各自利益之上的博弈过程。这在一定程度上解释了执行机构选择性、变通性、适应性地进行政策执行的现象。在现有央地分权、“条块分割”的执行结构下，地方基于利益驱动和执行条件的地方特点，不能保证政策被不折不扣的执行。

其实，不管是哪种解释模型，都在试图解释作为执行机构的地方（下级）政府，因何采取何种行动让公共政策的执行成为可能或者不可能。以执行机构为核心，政策方案、政策资源和政策环境等各因素通过影响执行机构及其执行者，形成影响公共政策执行的合力。而又因为各因素在不同情形下的影响力度、影响方式等差异，公共政策执行最终表现出多样化的结果。这三种模型，都较少关注到政策对象的认知及其行动对政策执行的影响。在新媒体蓬勃发展的背景下，政策对象非经政治动员的行动，通过与基层执行机构和执行者的互动与博弈，从而影响公共政策的执行。这一现象，值得我们的政策执行机构和执行者重视。

延伸阅读

带薪休假制度的执行

2014年5月4日，兰州市人社局印发了《关于全面落实机关事业单位工作人员带薪年休假制度的实施办法》，其中明确规定："凡经批准执行机关事业单位工资收入分配制度的机关事业单位中工作1年以上的工作人员，均可享受年休假待遇"；"凡符合年休假条件的工作人员必须休年休假，应休不休的年休假补贴不再发放"；"不安排工作人员休年休假的机关事业单位，由县级以上人民政府人社部门责令限期改正"。但是在兰州市某机关单位工作的赵女士，在"五一"小长假结束后就写好了申请，锁在抽屉里已经整整一周，愣是没敢拿出来。赵女士的想法是："交休假申请吧，担心惹怒了领导；不交吧，原本应休没休的年休假补贴算是没了。"①

国家人力资源与社会保障部新闻发言人表示，带薪年休假制度施行七年多以来，多数用人单位能够依法安排职工享受带薪年休假，对于保障职工的身心健康、促进企业持续发展起到了积极的作用。但是仍有部分用人单位和有雇工的个体工商户没有认真执行带薪年休假的法律规定，职工休息休假权益有待进一步落实。

2015年上海出台的《上海市贯彻〈国务院关于促进旅游业改革发展的若干意见〉行动计划(2015—2017年)》中，"到2017年，本市职工带薪年休假制度初步得到落实，城市旅游休闲空间、公共服务体系基本建成"已被列入行动计划总体目标的最前列。

① 《兰州推动"强制休假"欲终结"有假难休"》，《工人日报》2014年5月18日。

行动计划明确，要保障市民旅游休闲时间，加快落实《职工带薪休假条例》，鼓励和引导用人单位结合工作实际和职工个人需求合理安排职工带薪休假。机关、团体、国有企事业单位要严格执行休假规定，进一步完善社会组织、有雇工的个体工商户等单位职工的休假保障措施，加大全面推行带薪休假制度的步伐。加强带薪休假落实情况的督查，加强职工休息权益方面的法律援助，让市民在工作之余充分享受休闲时光。①

（二）善于运用公共政策执行的工具

政策工具是政府在部署和贯彻政策目标时拥有的实际方法或者手段。虽然政策工具的选择与考虑贯穿整个政策过程，并不仅仅局限于政策执行阶段，但是政策工具在执行阶段由执行机构具体选择并加以运用，而且执行中政府可以动用的政策工具相当灵活和广泛，并不局限于政策方案中所拟定的政策工具种类。

1. 政策工具的类型

公共政策理论对于政策工具的类型化研究非常深入，成果很丰硕。本节介绍一种比较通用的分类方式。霍莱特（M.Howlett）和拉梅什（M.Ramesh）依据政策工具的强制性程度，将政策工具分为自愿性政策工具、强制性政策工具和混合性政策工具三类（见表 2.1）。

① 梁建刚：《上海市领导发出动员令：带薪休假制度抓紧带头落实》，解放网 2015 年 5 月 20 日，http://www.jfdaily.com/minsheng/bwyc/201505/t20150520_1525242.html。

表 2.1 政策工具①

自愿性政策工具	混合性政策工具	强制性政策工具
家庭和社区 自愿性组织 私人市场	信息和劝诫 补贴 产权拍卖 税收和使用费	管制 公共事业 直接提供
←低——国家干预程度——高→		

自愿性政策工具是通过个人、家庭、社会组织或市场发挥作用，在自愿的基础上解决公共问题的手段、途径与方法。

强制性政策工具是借助于国家或政府的权威及强制力，迫使目标群体及个人采取或不采取某种行为，以此来实施公共政策，解决社会公共问题。强制性政策工具体现了政府执行政策时具有较高的强制性。

混合性政策工具兼有自愿性政策工具和强制性政策工具的特征。混合性政策工具在允许政府将最终决定权留给私人部门的同时，还可以不同程度地介入非政府部门的决策过程。

2. 公共政策执行的工具选择

政策的执行依赖一定的政策工具。采用何种政策工具关系到公共政策能否达到预期的政策目标。政策工具及其组合是如何被选择和设计的，常常不仅仅是一个理性人理性选择的

① 严强主编:《公共政策学》,第 96 页。

过程，而且还是一个受各方利益集团影响以及诸多因素制约的复杂的政治过程。政策工具的选择与政策执行主体、政策执行目标群体以及政策执行环境等都有着密切的联系。

政策执行的工具选择，主要有三种模式：第一种模式是经济学模式。经济学家大多把政策工具的选择，看成是一种技术上的操作，这种操作把特定工具的特征同它们的任务结合起来。第二种模式是政治学模式。政治学家认为，从纯技术角度来看，各种政策工具的选择都具有可替代性，因而他们主张把焦点转放在他们认为影响工具选择的各种政治力量上。第三种模式是在经济学模式和政治学模式两者的基础之上发展起来的，即政策工具选择的综合模式。无论是经济学模式还是政治学模式，在考虑这些政策工具选择的影响时，都存在不令人满意的地方。加拿大学者霍莱特和拉梅什主张把经济学模式和政治学模式综合起来，发展出一个新的政策工具选择模式，在选择政策工具时必须考虑国家能力大小以及政策系统的复杂程度。

工具主义的研究方法认为，工具是根据目标加以选择的。选择一种政策工具，政府并非不受约束地从“工具箱”里任意选择，而是基于多种理由的。那么政策执行者从多种可用的工具当中选择特定工具的原因是什么呢？政府在选择工具时，具有什么样的显而易见的模式和风格呢？胡德(C.Hood)很早就提出了工具选择的四项原则：一是只有在充分考虑到其他可替代方案时，我们才能确定哪种工具被选择；二是工具必须与工作相匹配，没有哪种工具能够适应所有环境，因此政府需要针对不同的环境选择不同的工具；三是选择必须不太残忍，工具的选择必须符合一定的伦理道德；四是有效性并不是唯一追求目标，理想结果的达成必须以最小的代价来换取。[①]

对我国转型时期公共政策活动的实际情况进行分析，影响政策工具选择的因素主要有：第一，已确定的政策目标；第二，政策工具自身的特征；第三，政策工具应用的背景，包括政策子系统、目标群体、其他工具以及政治、社会或经济环境；第四，先前的政策工具选择；第五，政策过程的非制度因素，比如伦理规范、道德观念、风俗习惯、意识形态等；第六，政策过程的资源配置。

还有两个方面的要点需要在此简单提及。第一，政策工具的选择严格受制于政策共同体内成员的构成及其决策规则，也就是通常所说的决策体制和决策文化。第二，政策工具的选择还与政策问题的领域特征有关。不同政策领域显示了倾向于它们自己所“喜好”的那种政策工具，并且会重复地采用这样的政策工具，而不管实际上是否有助于具体领域问题的减少。比如在交通领域，总是习惯性地选用限行、“限购”等强制性的政策工具。显然，这对于改进政府的学习和政策创新能力都是不利的。

近年来，以提高政策遵从度助推政策执行受到理论的关

① 严强主编:《公共政策学》,第 232 页。

注，在实践部门也有所推广。研究表明，政策对象遵从与否的行动策略取决于其对公共政策遵从收益和遵从成本的权衡。[①]通过选择恰当的政策工具，提高政策对象的政策遵从收益，降低政策遵从成本，这样政策对象在利益权衡下自愿选择服从和遵守政策规定。比如分析公民和企业的税收法规遵从度的影响因素，须要选择恰当的政策执行工具。

不过，随着我国社会由总体性社会向分化性社会转型，政策对象之间的利益差别逐渐扩大，不同政策对象在同一项公共政策中的遵从收益和遵从成本情况也越来越呈现多样化。这对政策工具的选择和运用提出了挑战。着重利益整合和协调的自愿性政策工具与混合性政策工具越来越得到执行部门的青睐。另一方面，如果政策执行相关博弈方力量强大，会导致自愿性政策工具和混合性政策工具发生作用较缓，比如环保政策的执行，区域限批等强制性政策工具仍然是执行部门的“杀手锏”。

分析我国2010年发生的校园安全事件的政策工具选择，可以更清晰地理解政策工具选择对于政策执行的意义（见表2.2）。[②]在中央和地方层面，一些政策工具被选取并付诸实施。他们是否能够缓解或解决校园安全危机呢？自愿性的政策工具是家长的个体或者联合的选择，但是由于强制力不高，无法满足大范围学生校园的公共安全需求。在家委会与学校

① 朱光喜：《公共政策执行：目标群体的遵从收益与成本视角——以一项农村公共产品政策在三个村的执行为例》，《云南行政学院学报》2011年第2期。

② 表2.2引自赵德余：《公共政策：共同体、工具与过程》，上海人民出版社2011年版，第197页。

密切合作之后，效果有了明显的提升。混合型政策工具的约束力更强，但是如果需要更好地发挥作用，有赖于有效的执行。比如，信息劝诫和补贴，能够直达相关的政策对象。强制性的政策工具显然具有更高的威慑力和约束力，监控、装备使用、日常巡逻与警戒等为政策工具长期发挥作用提供了技术支持。总体来说，校园安全事件的社会关注度和政策敏感性很高，从发生几率来说，带有不确定性和偶发性的特征。因此，以学校安全制度完善为中心的政策工具选择更具有长期性的效力，社会成本也相对较低。

表 2.2 校园暴力危机干预的政策工具类型

	自愿性政策工具			混合性政策工具			强制性政策工具	
	家庭和学校	自愿性组织	私人市场	信息和劝诫	补贴	税收和使用费	管制	直接提供
广州南京			聘请保镖		对精神病患者补贴治疗		严格门禁制度	专职校园保安
合肥贵州长沙沈阳	教师担任安全责任人	家长护校队		教育、疏导			设置监控探头	警车巡逻
北京重庆			和保安公司签约		巡逻经费补贴		可以依法当场击毙	配备警棍等装备
中央政府层面	群防群治队伍；校长、园长安全管理责任			强烈告诫、威慑	加大经费投入；精神疾患人员的治疗救助		源头预防、内部安全管理、外围治安防控	

（三）改善公共政策有效执行的条件

“理想主义者制定法律，而现实主义者去执行他们”①，政策的执行比制定更加复杂。归纳起来，公共政策有效执行的条件包括：第一，高质量的公共政策；第二，必要的政策资源；第三，正确的执行策略；第四，合格的执行人员；第五，顺从的目标群体；第六，有效的协调和沟通；第七，适宜的执行环境；第八，有效的监督控制。

延伸阅读

台湾垃圾分类的经验②

分类收集

下午5点10分，是新北市八里区中山路街道居民集中交垃圾的时间。沿街居民们早就等候在路边，每个人的面前都放着几个垃圾袋，鼓鼓囊囊的，还有一只塑料桶，里面盛满了厨余垃圾。随着一阵悠扬的音乐声，八里清洁队的3辆垃圾回收车准时开到，前面两辆车装满了塑料大桶，是专门收集熟厨余垃圾和生厨余垃圾的，后面一辆是普通垃圾压缩车。居民娴熟地先倒厨余垃圾，再转身将普通垃圾按可回收与不可回收分别送入压缩车里。整个过程，前后用时不到3分钟。

---

① Robert Stevens, Rosemary Stevens. *Welfare Medicine in America: a Study of Medicaid*[M]. New York: Free Press, 1974.

② 丁辉宇:《垃圾分类的“台湾样本”》,《南京日报》2011年12月5日。

记者与其中的一位居民张太太攀谈。她介绍,她开了一家名叫“顶香豆浆店”的早餐馆,厨余垃圾比较多。十多年前,垃圾根本不分类,什么都和在一起倒,不管垃圾多少,垃圾费是固定的,每个月要缴 1 100 多元新台币,都从水费里面扣。现在不同了,她每天必须把一次性筷子、饭盒、纸巾按要求分类,购买环保部门指定的垃圾袋装垃圾,充当垃圾费。因为厨余垃圾多,环保部门只配给一只塑料桶,不够用,自己又买了一只。分类的结果是,垃圾的量减少了,垃圾费支出也随之减少。如今,她家每月的垃圾费不超过 500 元新台币,比过去节省 60%。“垃圾分类,的确是好!”她说。

垃圾分类并未就此了手。居民的垃圾回收运输到了清洁队后,还会有更严格细致的分类。在八里清洁队,垃圾被分成了纸类、铁类、铝类、玻璃类、塑料类、光碟片、干电池、机动车辆、轮胎、铅蓄电池、电子电器、资讯物品、照明光源、平板容器、非平板容器、行动电话及其充电器等,有序摆放,纹丝不乱。厨余垃圾,全密封在桶里,又分为养猪厨余和堆肥厨余。养猪厨余是红色塑料桶,堆肥厨余装蓝色塑料桶,废泔水油则密封在铁桶中,完全没有异味。更有甚者,他们连回收的玻璃瓶还按白色、青色、茶色 3 种不同颜色摆放。为什么这样? 清洁队的女队长解释说,这是为了方便后期的垃圾处理,白色的玻璃瓶可以处理加工后再制造成品,而茶色和青色的瓶子只能加工粉碎成修马路用的建筑材料。

焚烧处理

不可回收的、真正需要处理的垃圾也不是填埋了事,而是进入了焚烧处理厂。

面朝湛蓝的大海，背靠翠绿的小山，坐落在台湾海峡边的新北市八里垃圾焚化厂，云淡风轻，风景如画。外观设计出自建筑大师贝聿铭团队之手，与巴黎罗浮宫金字塔类似的玻璃幕墙结构，十分抢眼。要不是那根150米高的方形烟囱在提醒，我们简直以为这里是一家“世界500强”的总部所在地。

但这确实是一座垃圾焚烧厂，是新北市投资2亿美元，年处理能力近50万吨，年发电2.5亿度，年售电收入3.3亿新台币的垃圾焚烧厂。

与南京的垃圾焚烧厂的际遇一样，造型时尚、设施一流的八里焚烧厂运营之初，并不讨当地居民喜欢。所涉太平村、下罟村3 500多居民十分讨厌它，认为会带来空气和水污染，甚者想方设法要让它关门打烊。江俊卿厂长介绍，当时，村民群起堵门，不让垃圾车进出等极端对立和对峙的事时有发生。怎么办？焚烧厂换位思考，主动派员找村长、村民代表征求意见和建议，在此基础上成立了民众监督委员会，欢迎村民随时到厂参访，随时监督垃圾处理的各项指标，给村民吃定心丸；同时首创垃圾焚化厂回馈金制度，每年拿出垃圾发电销售收入的25%，6 000多万元新台币，给村民建可一次容纳150人游泳的温水游泳池，终身免费使用；架设3公里多长的濒海生态登山步道，方便村民健身观景；每逢焚烧厂招工，优先考虑符合要求的村民，给村民实实在在的实惠。

通过一系列亲民行动，如今，村民和焚烧厂的关系已经非常融洽，用江俊卿的话说：“从仇人变亲人了！”

公共政策要得到有效执行，就必须满足这样一些条件。在目前的公共政策执行的实践中，要实现这些条件，必须着重关注如下问题的解决：

1. 提高公共政策的质量

如果公共政策在制定环节就已经存在缺陷，会诱导并加剧执行环节政策对象不遵从、管理秩序不稳固的结果。公共政策的问题、目标、内容以及合法化等诸多方面，都影响着政策执行。

政策问题的性质。政策执行的成败，与政策所要解决问题的性质密切相关。在社会实际生活中，有的问题比较容易解决，有的问题却十分棘手。政策问题的性质影响政策执行，既与政策问题本身所涉及的范围有关，也与问题本身的复杂程度有关，还与因政策问题而产生的需要调节的行为量的大小有关。有些政策问题比较单一，所涉及的范围较小，不具有连锁性，解决这类问题的政策，执行起来就比较容易。反之，政策问题的性质复杂多样，涉及范围广、需要控制的行为量较大，执行起来就比较困难。

政策目标的性质。政策执行活动是以政策目标为导向的。政策目标与政策执行如同路标与行车的关系。正确的政策目标能够促进社会的发展，给人民群众带来利益，因而在政策执行中遇到的障碍较少，政策的效果也可以得到充分的体现。如果政策目标本身是错误的，执行的效率越高，越会影响问题的解决，甚至导致问题的恶化。这如同驾车一样，方向正确，车辆行驶的速度越快，到达目的地的时间越早；反之，方向错了，行驶的速度越快，离目的地越远。

政策目标的弹性程度。政策执行目标的弹性来源于政策本身的灵活性，实际上，即使政策量化目标规定的再科学合理，也总会有超过者和不及者，因而政策目标在一定范围内和某些条件下具有可调性和变通性。

政策内容的性质。一项政策要能够顺利推行，必须具有明确的内容要求和可操作的措施及行动步骤。内容越是具体可操作性越强的政策，能够迅速转化为实际行动。一些政策规定得过于原则和抽象，可操作性差，会使得执行者无所适从，无从下手。

公共政策合法化程度。从一定意义上讲，公共政策的合法性主要是指制定和执行公共政策的程序必须符合现行有效的法律规范，任何公共政策内容都不能违反宪法和法律的规定，破坏政策执行的环境。公共政策的制定和执行必须置于法律和公众的监督之下，才能避免公共政策的盲目性和不规范性，保证政策本身的合法性。事实上，只有合法的公共政策才具有约束力。

政策方案的科学性。政策的科学性即政策内容必须是合理的，符合客观事物的发展规律，体现政策对环境的要求。政策方案的科学性能保证政策的一致性、客观性和全面性。政策方案的科学性，要求在方案制定时，研究者和决策者必须根据科学程序，尽量采用各种科学的方法、手段。除了充分依靠专家的作用外，还要求政策制定者必须是理性地而不是主观武断地凭情绪决定政策。政策方案的科学性越强，执行的可行性和政策所获得的支持也就越高。可以说，公共政策有效执行的前提和基础在于政策内在的科学性。

政策方案的稳定性。政策的稳定性包含了政策的阶段性和政策的连续性两方面的含义。政策的阶段性要求发展阶段没有结束之前，这些政策都要保持相对的稳定，不能轻易地改变。政策的连续性是指不同的政策或不同的政策措施，在政策的目标、手段和效果等各个方面要保持相互之间内在的连续和有机的联系，具有继承性、相关性和某种一致性。政策稳定性的反面是政策多变，即政策未能适应社会发展不同阶段特点的要求，各种政策之间缺失有机的联系和过渡，政策失误过多，因而造成政策频繁变动或剧烈变动。政策多变非常不利于执行，让执行机构无所适从，导致政策资源投入不能获得有益的回报。

政策的综合配套性。政策体系是各项政策联系的总和，任何单项政策都是政策体系的一个子系统。政策体系要发挥整体功能，体系内的各项政策要以相互联系、相互配合的方式作用于社会。各项政策的功能只有在相互制约与相互联系中才能发挥出来，单项政策的执行只有在政策之间综合配套、政策整体功能优化的情况下，才能顺利进行。比如，我国控烟政策的执行，受到现行烟草管理体制和政府烟草产业依赖带来的巨大阻力。如果简单地出台不发展或限制发展烟草产业的政策，并不具有现实可行性，保持烟草行业发展与有效控烟的平衡，更加稳健。[①]同时从消费者教育、烟草危害救济、烟草企业的经济规制等多方面出台组合政策，控烟政策执行的效果将更加明显。

2. 足够的政策资源投入

政策执行需要适当的多方面资源的投入，才能够确保政策落实到位。执行机构在运用政策资源时，要尽量做到资源的合理利用，防止奢侈浪费，用尽可能少的资源投入获取预期政策目标的实现。

物力和财力资源是最基本的政策资源。必要的物力和财力是政策执行的物质基础，充足的按时提供的经费筹集、划拨和物质供给是公共政策执行的重要保证。如果物力、财力资源紧张，就会出现选择性执行的现象，造成政策执行的不公平。

人力资源。好的政策需要人来落实，没有必要的人力投入，政策执行活动无法开展。政策执行者的素质影响执行的效果。执行主体的政策认知水平、知识结构、组织能力、服务意识以及目标群体的受教育程度、政策参与水平和社会活动能力等都是重要的执行资源。

信息资源。信息不仅是政策制定的重要依据，而且也是政策执行所需资源之一。政策执行者应当获取足够的信息资

① 王伟:《烟草专卖与烟草控制的关系》,《理论视野》2012 年第 10 期。

源，确保信息渠道的畅通无阻，从而保证对执行过程的控制。一方面，执行者应该加大信息宣传力度，加强与目标群体的信息沟通，增进他们对政策的认识，降低对政策的抵触和反抗情绪。另一方面，政策执行者应当及时收集相关信息，一项政策在制定时和执行时所处的环境发生了很大变化，如果不及时获取信息，就不能及时调整政策目标或者改变执行计划和执行手段措施，政策执行就会出现偏移。

延伸阅读

信息传播与认知问题影响政策执行①

2014 年 12 月 31 日晚，上海外滩发生严重踩踏事故。事发后，有媒体报道，2014 年外滩灯光秀与往年相比发生重大变化，地址从外滩改为外滩源，但调整信息并未有效传达给受众，导致众多游客依然前往外滩，最终酿成悲剧。

为了检验这一判断，中山大学传播与设计学院大数据传播实验室研究人员以“外滩灯光秀”为关键词，抓取了 2014 年 12 月 23 日至 12 月 31 日的媒体报道、新浪微博中媒体及政务微博提及“灯光秀”的新闻及信息。

分析数据得出结论，23 日至 29 日媒体关于“外滩灯光秀”

① 韦英哲、刘文骁、何凌南:《中大报告剖析上海外滩踩踏事件起因公共政策调整可用大数据预警》,《信息时报》2015 年 1 月 26 日。

的报道并没有在网友中引起较大反响。30日，媒体对于“外滩灯光秀”的报道急剧增加，但由于报道中具有误导性的消息占了多数，导致不知晓灯光秀改址的用户也远远多于知晓的用户。31日，媒体中纠正性的报道增加，但由于仍存在较多误导信息，并且正确消息传播得太迟，效果的达成也具有一定滞后性，因此，用户中不知晓外滩灯光秀改址的人数仍然占据大多数。

研究人员建议，公共政策调整时，如要将信息有效、充分传达给受众，可实时采取大数据挖掘方法进行跟踪、分析和预警。

权威资源。权威资源是政策执行活动的一种特殊资源。负责执行政策的机构和人员要想使其执行活动得以顺利进行，就必须具备相应的权威。政策本身就是权威性和规定性的统一，政策是以权力为基础的，人们对权力的服从是对政策服从的根本原因。政策执行者的特定地位、个人品行、技术专长、工作经验等综合各方面的优势而形成的权威，对于政策接受者具有威慑力量和感召力量，从而有助于政策的执行。

制度资源。制度是政策执行程序化的基本保证，是对执行主体的权力依法予以保障和对其行为责任依法予以追究的基本依据。完善的制度体系，能够保障执行者的工作顺利进行。执行制度包括执行者人格保障、身份保障、职位保障、行政裁量等，这些保障是与执行者的政治、行政责任相一致的。

3. 优化执行机构和执行机制

执行机构和执行机制是政策执行的组织载体和机制支持。

组织及其机制是否精简、高效、权威，直接影响执行的有效性。

合理的组织结构直接表现为适当的管理层级与幅度。合理的层级是层次分工、目标和任务逐级分解落实的保证，有利于政策执行的统一领导、统一指挥，有利于信息的上传下达和监督控制。组织纵向结构不合理，不利于政策的执行。层级过多会造成信息不畅，程序繁琐；层级过少则会造成分工不明、责权不清。合理的幅度，能使组织目标按性质和业务类型得以分解，管理职能得以综合或扩展，有利于政策执行的专业化、程序化，有利于事权一致、政令统一。组织横向结构不合理，同样对政策执行造成不利影响。幅度过宽，会造成穷于应付的局面；幅度过窄，势必增加管理层级，造成机构臃肿，人浮于事。

延伸阅读

上海城管执法下沉　强化公安执法保障①

2015年7月15日，新修改的《上海市城市管理行政执法条例》已正式施行。

最近，各区县陆续成立了单独的城管执法局。本市原有的城管执法体制为市和区县两级，现调整为市、区县、乡镇人民政

---

① 郁文艳：《区县公安局副局长兼任城管副局长》，《新闻晨报》2015年7月18日。

府三级执法，赋予乡镇人民政府城管执法主体资格，使执法重心下沉到基层。

各区县公安局有一名副局长，同时也是城管执法局副局长，这是修改后的条例强化公安对城管执法保障的具体表现。据悉，从目前的城管执法情况来看，公安部门对于威慑暴力抗法行为、创造良好的执法环境起到了十分重要的作用。因此，修改后的条例明确了“区、县公安机关应当确定专门力量、明确工作职责、完善联勤联动机制，在信息共享、联合执法和案件移送等方面配合本区域内城管执法机构开展行政执法工作”。

组织内部的权力结构和体制要把握集权与分权的平衡。根据执行系统讲究统一、速度和效率的特点，政策执行组织基本上选择的是以个人负责为主的首长负责制。我国各级行政组织实行的是首长负责制，同时吸收委员会制的一些优点，以克服首长制的不足。现代行政组织体制，大多数是把层级制和职能制有机结合起来，实现直线职能制。直线职能式结构既保持了层级制统一指挥的优点，又吸取了职能制发挥专业管理职能的长处，因而能保持效率。但是也有不足之处，主要表现在各职能部门的协调性差，条块分割，矛盾突出，影响效率。政策执行组织内部应把集权制、分权制有机结合起来，根据社会的环境、国家的历史传统和政策问题的性质等，寻求集权与分权的平衡点，既防止权力过于集中，又防止权力过于分散。

组织内部信息的有效沟通。上下级之间或者平级的部门之间不恰当的信息流动，不正确的信息或者堵塞的信息，直接影响政策的执行。沟通中的失真可能来自不经意的错误，也可能来自“有选择的扭曲”。可以通过组织的等级结构来改善信息的传递，同时建立更多的、重复的沟通渠道，改善组织内部的信息沟通，处理好保密和公开的关系。

组织之间的协调性。大量的公共政策不仅涉及一个执行机构，需要政府中不同层级和不同条线的部门共同执行，也需要事业单位、社会团体的参与和支持。这些机构和组织相互之间的共识达成与行为协调就显得特别重要。如果责任边界不清，甚至互相推诿，不仅协调成本很高，而且严重影响执行效率和效果。我们进行简政放权的改革，一些政府的执行职能由事业单位、行业协会等社会组织承接，下放和承接的主体之间如果不协调，就可能放不下去、接不下来。

加强组织内部的凝聚力。有效的政策执行机构需要良好的凝聚力。没有凝聚力，也就没有战斗力，没有执行力。影响组织内部凝聚力的因素主要有组织成员对组织目标的认同和认识，以及分担目标的程度；群体成员对组织利益的认识，以及组织利益与个人利益的均衡程度；核心人物的影响；群体成员心理满足程度；组织内部的人际关系和谐程度；组织内部的冲突的解决、协调程度，即组织的调和程度。培养组织的协作精神，加强组织的凝聚力建设，是执行机构建设的重要内容。

延伸阅读

德国如何提高公共政策执行的效率[①]

在行政现代化的过程中，德国行政改革形成了自己特有的理念，通过一整套"对内"的合理化战略和"对外"的社会化、市场化、私营化与反规制战略，提高了公共政策执行的效率。

所谓"对内"的合理化战略，即重组国家机构，下放管理权限、允许部门和地方在管理和执行上有更多灵活性，通过行政机构内部的分权化，激发地方政府执行公共政策的动力和活力。所谓"对外"的私营化与反规制战略，即解除或减轻对私营企业的规制，倡导公共服务和政策执行的合同化、外包化，通过提高德国公共政策执行的社会化和市场化程度，降低政策执行的成本，从而促进公共政策执行更为高效。

内部的分权化，促进了德国中央政府和地方政府之间谨慎的放权、赋权与分权，减轻了联邦政府的压力，提高了地方政府执行公共政策的活力和灵活性。而行政事务和公共政策执行的私营化、市场化和社会化，则健全了政策执行网络，增加了公共政策执行的竞争性、合作性，改进了公共政策执行的质量。

① 舒绍福:《德国如何提高公共政策执行的效率》,《学习时报》2013 年 7 月 1 日。

4. 提高政策对象的参与度与遵从度

政策制定的权威性分配原则不同，从政府的公共政策中获得好处的公众群体是不一样的。而且，公众从公共政策中获得好处，也往往需要承担相应的义务和代价。纯粹获益的群体近乎是不存在的，倒是可能有纯粹不获益反而利益受损的群体。另一方面，政策对象出于自利的动机，不会无原则无因由地绝对遵从公共政策，总是会尽量逃避不良的政策影响，寻求更多的好处。政策对象可能采用各种正当或者不正当的手段，与执行机构及其工作人员进行博弈，甚至是激烈的对抗和不服从。因此，应当关切政策对象的利益诉求，保证其知情权和参与权的实现，提高其遵从收益，降低遵从成本，引导政策对象理性选择，从而尽量减少政策对象的“逆选择”。

政策对象对政策执行的影响与下列方面有关，这些方面也是对政策对象进行引导的切入点：

引导政策对象的利益取向。公共政策是对全社会价值做有权威的分配。表现为对一部分政策对象利益的分配和落实，而对另一部分政策对象的部分利益予以调整与剥夺，其结果是一部分人因政策受益而另一部分人则受损。对于一项政策的推行，相关政策对象都会对其进行成本收益分析，也就是利益预期。一般而言，受益的公共政策对象可能会支持政策的执行，而受损的对象就可能反对和抵制公共政策执行。因此，目标群体的利益取向是影响公共政策执行的重要因素。在执行的过程中，就需要引导政策对象特别是利益受损群体对公共政策产生认同，信息公开、沟通到位，依法协商、贯彻补偿方案，促进政策的有效执行。

提高政策对象的受教育程度。政策对象的知识水平结构和受教育程度制约他们对新政策的认知、理解以及支持程度。受过良好教育的政策目标群体，即政策对象，会更加理性地认识一项新的政策，他们不但考虑政策的当前收益、直接收益，也会考虑政策的长远收益、间接收益，因而更能接受那些具有长远目标的政策，增强政策承受力，从而减少政策执行的压力。另外，人们受教育的程度越高，越会主动与政策执行者沟通协调，越会主动关心政策的执行，包括献计献策、监督控制。

认真对待政策对象的群体力量。单个政策对象的力量是有限的，因而有共同社会背景和利益要求的政策对象会自发结成利益群体或者利益团体，以群体力量，如示威、游说等，来增大与政策决策者、执行者利益博弈的筹码。他们的组织化程度越高，凝聚力越强，对政策运行的制约能力也越强。市场经济条件下，大量利益集团的兴起，直接或间接影响着政策的执行。即便是组织化程度不高的、源于某一政策的群体性聚集或者游说，也因为其群体性质、行为激烈度以及舆论传播等因素而对政策执行形成压力。一些公共政策因为部分政策对象展现的群体力量“无疾而终”。

拓展政策对象参与政策执行活动的机会并形成对政策执行的实际影响力。每一位对政策结果感兴趣的人，特别是受政策及其结果影响的人，要能够有参与政策执行的机会，必须能够监督公共政策的执行。法定的执行公开、公众参与、政策评估等程序的实施就显得非常重要。如果政策对象参与政策执行，仅仅是形式主义的“走过场”，就难以通过程序性参与活动对政策执行产生实质性影响。体制内参与机会不多，效果不彰，“表达和参与”的冲动必然溢出到体制外，这不利于执行的有效性。

5. 加强执行评价和监督

任何一项政策的执行都离不开严格的监督体制。同样，行政监督制度也在一定程度上影响着行政决策是否能够顺利高效地执行。政策执行的灵活性和裁量性的特点，使得执行者有利用政策为自身和组织谋利的可能性和动机。消弭政策目标与实际结果之间的差异，需要通过执行评价和执行监督形成强有力的约束。

目前，我国执行评价和政策监督机制还不完善。政策制定、执行、监督没有形成既相互耦合又相对独立的运作机制，政策执行评价体系不健全，评价方法不够科学，监督机制漏洞较多，软弱乏力。

加强政策执行评价。建立政策执行效果评价的程序制度，完善政策执行评价标准，建立科学评价的指标体系。比如，对于预算执行情况、城市规划执行情况等，设计专门的评价指标体系，形成从定性到定量的评价结果，衡量执行的有效程度。

加强政策执行监督。 对执行过程进行监督，预防执行偏差，对执行不力进行监督和惩戒，是引导和约束政府及行政人员主动履职、认真负责的有效机制。 需要完善政策执行的责任制，建立健全执行机构内部工作流程和内部监督控制制度。进一步推行执行公开，形成监督合力，提高监督的有效性。

延伸阅读

政企合作提升政策执行信息化能级①

在“互联网＋”时代，大数据和云计算等新技术运用的出现，公共政策的执行机构是重要的用户群体。不少政府机构借助企业力量，通过政府购买服务，有效率地解决了数据难题，节省了政府开支。

2015 年 5 月 22 日，阿里云中标海关总署 8 千万元大单，将为海关总署提供云计算和大数据服务，共同探讨构建“互联网＋”海关的新模式。

截至目前，全国引入阿里云计算的省份和直辖市已有 16 个，包括上海、浙江、广东等。在海关总署之前，阿里云已经拿到国家气象局、12306 火车票网站、中央政府采购网、中国药品监管网等部委级订单。

海关总署订单涉及“金关工程二期”大数据云项目，将支持

① 陆玫：《中标海关总署 8 千万元订单，阿里云的政府“生意”越做越大》，澎湃新闻网，2015 年 5 月 22 日，http://www.thepaper.cn/newsDetail_forward_1334127。

数据总量为8PB非结构化数据与160TB结构化数据的数据存取与分析能力。该项目将用于提升海关系统对非结构化数据的处理能力，比如通过大数据分析技术，实现对全国1 800多个主要通关现场情报的实时分析，处理的数据量将是PB级别的，原有的海关数据业务以处理TB级别的结构化数据为主。

阿里云向12306火车票网站提供技术协助，负责承接12306网站75%的余票查询流量。如果采用传统IT方案，为解决春运火车票流量峰值，政府需采购大量硬件设备，平时却处于闲置状态；采用阿里云，可以“按量计费”，适时扩容，高峰后再释放。

三、 公共政策执行阻滞及其化解

公共政策执行过程中，因为执行条件难以成就，往往出现执行阻滞的问题。政府行政执行不力已成为中国公共行政领域一大顽疾，不执行、乱执行、执行不到位等问题时有发生，严重影响政府行政效能，损害政府公信力。公共政策执行研究表明，必须关注执行机构及其工作人员，特别是一线执行人员在公共政策执行中的地位和作用。他们是公共政策得以有效执行的枢纽性因素，不可忽视。

（一）常见的执行偏差现象

所谓政策执行偏差，是执行者在实施政策的过程中，由于受主客观因素的制约，其行为效果偏离政策目标并产生了不良后果的政策现象。朱镕基同志曾说："我八年来的体会，就是要办一件事，不开八次、十次会议就没法落实。如果发一个文件，能兑现20%就算成功了，不检查落实根本不行。"①

1. 政策敷衍

公共政策执行者在执行中只做表面应付，或只做政策宣传而不务实际，并未采取可操作性的具体措施，在组织、人员、资金等方面没有真正到位。只制定象征性的执行措施，或执行起来虎头蛇尾、前紧后松、敷衍塞责，使严肃的政令在形形色色的花架子下变成一纸空文，根本谈不上解决什么具体的政策问题。对政策执行的绩效作表面文章，浮夸瞒骗，或浮夸本地经济社会发展，或迎合上级做表面文章。

2. 政策附加

公共政策在执行过程中被附加不恰当的、原来政策所没有的内容，使政策的调控对象、范围、目标、力度超出了政策原定的要求。特别是执行者在现行政策的目标的基础上，又自行增添了若干个新目标，原政策不仅不能到位，还不恰当地扩大化了。所谓"土政策"，就是政策附加的典型形式。比如有的地方保护本地经营者，对执法部门进入企业监督检查附加法外的限制性措施。

① 朱镕基：《朱镕基讲话实录》（第3卷），人民出版社2011年版，第6页。

3. 政策损缺

即政策的"选择性执行"。公共政策执行机构以及执行者对上级或中央的政策，选择其中一部分执行，或断章取义，或各取所需，使一个完整的政策在执行中没有完全贯彻落实，政策内容残缺不全，政策的整体功能得不到发挥。

4. 政策歪曲

公共政策在执行中，目标、内容等被曲解、扭曲，甚至背离。公共政策执行者在传达和执行中对政策精神实质或部分内容有意曲解，利用政策的某些抽象性，借口本地区或部门的特殊性做出不同的解释。"上有政策，下有对策"，实际上是钻政策的空子。在这种情况下，政策性质发生了很大的改变，严重损害了政策的严肃性、权威性和公共利益。

5. 政策抵制

公共政策执行者有意不执行或变相不执行上级或中央政策，或者采取观望的态度，采取"拖"的手法，能拖就拖。这是执行者主观上、行动上反对政策的一种表现。

6. 政策照搬

在政策执行过程中，执行者机械地照搬照抄，"以文件落实文件"，或者不做调查研究，了解实际情况，不做执行计划确保措施落实等，这样往往不能解决问题、实现政策目标。

7. 政策寻租

政策执行机构及其人员在局部利益或个人利益的驱使下，利用手中掌握的职权资源与社会个别利益进行交换，以获取私利。其中一些是犯罪行为，比如索贿受贿、权钱交易，有些是乱摊派、乱收费、乱罚款以及变相盈利等行业不正之风。

延伸阅读

细数简政放权中的“中梗阻”①

在公共政策执行的实际过程中，政策执行主体往往由于自身的态度、素质和能力等原因，消极、被动、低效地执行政策，甚至影响和阻挠公共政策的有效执行。这种现象就是政策执行中的“中梗阻”现象。

在简政放权过程中，一些地方存在“不愿放权”、“明放暗不放”、“剪指甲”等现象。这些改革中的“中梗阻”现象，让中央的一些改革举措无法落地生根，甚至在地方遇到“挂空挡”的局面，势必会损害政府的公信力，给当前的经济运行增加摩擦力。

现象一：处长给部长“把关”

2015 年 4 月 15 日的国务院常务会议上，李克强严斥一些部委和地方文件运转流程繁冗、拖沓，亟须进一步简化流程，加快简政放权进程。“部长们参加的国务院常务会已经讨论通过的一些政策，现在却还‘卡’在那儿，难道让几个处长来‘把关’，这不在程序上完全颠倒了吗？”总理说。

① 于子茹、实习生雷灵：《细数简政放权中的“中梗阻”》，新华网 2015 年 5 月 13 日，http://news.xinhuanet.com/legal/2015-05/13/c_127792620.htm。

现象二:盖章变“跑章”,百姓跑断腿儿

长时间以来,老百姓办企业、跑项目、办事情、开证明……很多情况下都需要到政府的相关部门盖一堆的章,通常要花很多时间,才能把事情办好,以至于“跑断腿、磨破嘴,跑了十几个部门、盖了十几个章”的现象层出不穷。不仅需要盖章的名目多,还要面临各种奇葩的盖章理由。除了证明“你妈是你妈”以外,还有人被要求去开“人品证明”、“非故意烧毁钱币证明”、“证明自己还活着”……

现象三:“红顶中介”蚕食简政放权改革红利

戴市场的帽子、拿政府的鞭子、收企业的票子、供官员兼职的位子……这早已是“红顶中介”公开的秘密。在简政放权的今天,有些部门不愿放手的审批权力,一些官员不愿丢弃的既得利益,一同被隐蔽地转移到“红顶中介”手中。不少“红顶中介”凭借其特殊的“身份”,大兴乱收费之举。其中,高额的评估和审批费用常被人诟病。审计署 2014 年 6 月公布的审计工作报告显示,13 个中央部门主管的 35 个社会组织和 61 个所属事业单位,采取违规收费等方式,取得收入近 30 亿元。

现象四:一边做减法一边做加法,简政放权变“数字游戏”

在行政审批制度改革过程中存在“家底不清”的问题,简政放权常常是这边减、那边增,一些行政部门设立下属事业单位承接“业务”,甚至将取消和下放行政审批事项变成“数字游戏”。“他们要么把权力事项捆扎打包,以减少项目数量;要么搞政策取舍,没用的就下放,有利可图的就抱在怀里”,网民“晚平”说。

也有网民表示，一些地方出现了"放小不放大"、"放虚权不放实权"等乱象。其实，简单地把多个项目合并成一个，从数量上看似乎减少了，但这样的"数字游戏"并不能使企业和社会真正"松绑"。

（二）公共政策执行偏差的执行者原因

"地位决定立场"，"态度决定行为"。认识不足和既得利益的双重牵绊，执行者在很大程度上会考虑自身或组织利益，很难做到价值中立。当面临多元的、竞争性的价值时，难以取舍、进退维谷，就有可能陷入伦理困境。这时，少数执行者在少数执行个案中的行为偏差，会成为"木桶"的短板，产生"破窗效应"，破坏执行的权威和统一，影响政府执行公信力。

1. 公共政策执行者的认知缺陷

一线的执行者不一定与政策制定者有同样的价值观和目标。一种情况是政策制定者的价值观和目标发生了变化，而一线执行者仍然坚守旧的政策。更常见的情况是，一线执行者与执行对象的关系密切，在执行中会受到他们的潜移默化的影响，因而采纳他们的看法。

一些公共政策执行者逐步接受了地方（单位）本位主义的政绩得失观念，即以是否符合地方利益、部门利益和小团体利益为衡量标准。为了达到这个目标，各地曾出现各顾各、相互拆台的情况，极少数地方和部门不择手段歪曲中央政策，使全局利益受到极大损害，这就是屡受中央批评的地方保护主义和部门保护主义。

2. 公共政策执行者受到利益驱动

政策执行者的自身利益、需求和行为也影响着其对公共政策的有效执行。 各项公共政策的最终执行者都是人，而人是不可避免地有着自身利益追求和行为倾向的。 要使政策执行者在执行政策的过程中始终保持绝对的“价值中立”，实际上是难以做到的。 如果一项公共政策威胁到自身利益，那么公共政策执行者无论出于公心或者私心，都有可能抵制这一政策，使得该项政策很难顺利有效地得到执行。“有利益大家争着上，没利益大家都躲开”的执行局面，在一些部门和地区日益凸显。

3. 公共政策执行者自身素质不高

有少数政策执行者由于没有系统接受过现代市场经济和科学化、民主化决策方式的洗礼，没有接受现代政策科学知识的训练，靠自发、本能的意识，很难形成科学、有效地执行政策所必备的系统观念、战略远见、迎接挑战的心理素质，以及自觉接受监督的民主意识。 这些弱点，又被信息交流相对不发达、信息不对称所加剧，并与社会主义市场经济初始发育阶段种种盲目从众心理相结合，这就难免使一些公共政策执行者的执行行为出现偏差和失误。

4. 执行者的教条主义和机械主义

教条主义和机械主义，就是执行者缺乏政策执行的想象力和创造性，一是欠缺政策分解能力，二是欠缺政策修补能力，三是不善于运用执行裁量权。

政策环境具有复杂性、多样性、差异性和变异性的特点，这些特点给政策执行增加复杂性和困难。虽然在制定政策时，对政策环境的复杂趋势会做些预测，这种预测在时间上的深度、空间上的广度以及效果上的正确度却是有限的。当政策环境发生变化，执行者却仍然依循原有的行政习惯和行政经验来执行政策，“老办法不管用，新办法不会用”，不仅没有实现政策目标，反而可能引起执行冲突和公众不满。

我们现在要求执行者依照标准的操作程序来执行。确立标准的操作程序，可以减少花在处理每一个新情况以及进行反应上的时间，确保对执行对象的平等和公平。但是，过于机械地依循标准，执行者对新的状况产生的是僵化和非常不恰当的反应，甚至把新问题当成旧问题来处理，而不管问题其实已经发生了巨大变化。

（三）提高执行者的执行力

纠正公共政策执行偏差，要对照公共政策有效执行的条件，有针对性地采取纠正措施，使政策执行回到正确的方向，并消除不良后果。执行者的价值观、利益倾向、认知水平、执行心态及工作能力，这些往往是决定执行目标实现与否的主导因素。[①]习近平同志强调“一分部署，九分落实”，李克强同

① 莫勇波：《公共政策执行中的政府执行力问题研究》，中国社会科学出版社 2007 年版，第 31 页。

志说得好："喊破嗓子不如甩开膀子。"提高执行者的执行力，让党和国家的纲领、政策、措施得到贯彻落实。

1. 培养执行者的政策理解力和执行控制力

政策执行人员政策水平的高低直接影响政策执行的好坏。政策执行人员要在对政策的性质、精神实质、含义、内容等充分理解的基础上才能认真执行政策。执行者对政策执行过程的驾驭和对具体问题的应变处理能力，也是他们政策水平的一种表现形式，也会影响执行效果。执行者的教育培训要注重提高执行能力，包括任务理解能力、工作计划能力、科学预见能力、业务操作能力、沟通交流能力和危机管理能力等。

2. 优化执行者的知识学习力和行动组织力

一个合格的政策执行者必须具备多方面的知识，不仅应该熟练地掌握政策科学的基本理论和所从事的政策领域的专业知识，而且应该广泛地了解政治学、社会学、管理学、社会心理学及法学等各领域相关知识。只有这样，才能在政策执行过程中取得较大的主动权。能力是知识的综合反映，合格的执行人员还必须具备较强的管理能力。从某种意义上说，执行政策实际上是一种组织管理活动。政策执行者不仅要有胆有识，能够审时度势，做好宣传工作，争取各方势力的支持，动员各种资源，健全和完善规章，维持组织的凝聚力，而且要机动灵活，随机应变，协调好各方面关系，分清轻重缓急，有秩序、有步骤推进政策措施落实。

3. 激发执行者的执行动力和创造力

政策执行者是否能够保持执行的积极性、主动性和创造性，不会出现缺乏执行动力、职业倦怠、“做一天和尚撞一天钟”的现象，是保持政策执行水准的重要因素。要改善人员调配机制，根据岗位职责、个人兴趣、能力倾向，选拔胜任执行者；根据任务要求、个性相容性和整体合力，组建执行团队。建立激发和保持执行者执行动机和执行热情的工作模式，创新执行者激励的方式和方法，形成有效执行的行为动力机制。建立定期转岗的流动机制，保持工作热情，增强工作适应性，促进人员与岗位的动态平衡。建立科学的绩效评价和激励机制，创造一个想正事、谋正事、干正事的良好氛围，让想干事的有机会、能干事的有舞台、干成事的有地位、不干事的没市场，深入挖掘人才的执行力。

4. 培育执行者的政治觉悟力和职业道德遵从度

政策执行活动需要执行者有高度的思想觉悟。党性、政治纪律性在执行者身上体现的程度如何，直接影响政策执行的效果。政策牵涉到对利益的分配和对行为的调整。当政策执行者身兼政策对象和执行者双重角色时，执行者的思想政治觉悟成了执行的关键。觉悟高的执行者，尤其是领导者都要把国家利益、长远利益、整体利益放在首位。执行者对职业道德的模范遵守，以及道德规范对执行者的约束力大小，也是影响政策执行的重要因素。良好的职业道德可以提高政策执行者忠实政策的自觉性，公平公正地行使权力。政策执行中，道德约束依靠社会舆论和内在信念，起着法律制度约束不可替代的作用。

5. 提升执行者的责任意识和使命意识

意向是个体对某种现象所持的主观评价与行为倾向，它直接影响着人的行为强度。执行者的意向和态度在政策执行中占据着不容忽视的地位。执行者对政策评价的标准，对政策的反应方向和反应程度，决定他们对政策执行所持的积极意向或消极意向，甚至抵触意向。提高执行者的政治素质，培养其对政策目标的认同感和执行政策的使命感和责任感是培养执行者积极意向的有力措施。执行者具有高度的责任感，才会产生内在的动力和对工作的推动力，才能培养求真务实的工作作风。

第三章
公共政策评估

公共政策作为权威性的价值分配，是政府部门依据特定时期的政策目标，在对社会公共利益进行选择、综合、分配和落实的过程中所制定的行为准则。为了做好对社会价值的权威性分配，及时反馈公共政策的制定和执行情况，对公共政策的科学性、合理性和高效性问题进行探讨，进行政策评估是公共政策研究和实践中不可缺失的维度。因此，公共政策评估是政策过程链中一个非常重要的环节，它有助于完善公共政策的系统性和科学性，提高政策质量和水平，进而提升政策绩效，是公共管理工作和公共政策不断走向专业化、科学化、高效化的标志。

一、公共政策评估是政策过程的必要环节

公共政策评估是指公共政策评估主体根据一定

的政策评估标准和程序，对政策系统、政策过程和政策结果的质量、效益、效果等方面进行评价或判断的一系列活动，其目的是改善公共政策的系统性，提高公共政策决策质量，保证公共政策目标的实现。为了全面深化改革，党的十八大报告提出“坚持科学决策、民主决策、依法决策，健全决策机制和程序，发挥思想库作用，建立健全决策问责和纠错制度”[①]。在党的十八届三中全会全面深化改革和十八届四中全会全面依法行政的大背景下，如何做好公共政策评估，加强政府问责是提升政府绩效的重要管理举措，更是建设服务型政府的重要手段。因此，越来越多的政府部门将公共政策评估纳入到政策的全过程管理中，将政策评估作为一项常规工作来开展和推进。

（一）公共政策评估的内涵

当前我国已进入深化改革和发展的关键期，体制机制改革步入了深水区。经济体制深刻变革，社会结构多元分化，利益格局逐步固化，思想观念错综复杂，对社会和谐构成了严峻的挑战。公共政策作为利益分配和资源配置的重要手段，对社会利益关系的调整具有根本性的作用，公共政策制定的科学性，公共政策对于公平和效率的双重目标追求，将给经济发展和社会稳定带来长远而深刻的影响。

从理论上讲，公共政策由政策制定、政策执行、政策评估、政策变更与终结四部分构成。通俗地说，政策评估就是

---

① 《坚定不移沿着中国特色社会主义道路前进　为全面建成小康社会而奋斗》，在中国共产党第十八次全国代表大会上的报告，http://www.xj.xinhuanet.com/2012-11/19/c_113722546.htm。

在大量收集政策实际执行效果和效益信息基础上，运用科学方法分析判断政策是否实现了预期目标，在多大程度上实现了预期目标，政策所产生的政治效益、经济效益、社会效益、文化效益和生态效益如何的过程。关于公共政策评估的内涵，国内外不同学者从不同的角度进行了阐述。其中具有代表性的观点见表 3.1：

表 3.1　国内外著名学者关于公共政策评估内涵的阐述

视角	代表人物	代表著作	主要观点
评估目的	戴维·H.罗森布鲁(David H.Rosenbloom)	《公共行政学：管理、政治和法律的途径》	从管理、政治和法律多视角来探讨政策评估目的。管理视角：新公共管理途径的决策观是建立在回答顾客、建立绩效指标以及成本效能分析等根基上；政治视角：将代表性、反应度和责任三者作为公共政策衡量标准；法律视角：政策评估强调平等保障、程序正义和相关公众的权益。
评估过程	斯图亚特·内格尔(Stuarts.Nagel)	《公共政策：目标、手段和方法》	政策评估的“3P”标准：Participation(公众参与度)、Predictive(可预见性)、Procedural Fairness(程序公正性)。
评估标准	威廉·邓恩(William N.Dunn)	《公共政策分析导论》	政策评估是用来提供关于过去或者将来行动方法价值方面的信息的政策分析程度，提出政策评估的六标准：效率、效果、充足性、公平性、适宜性、回应性。
评估价值	陈庆云	《公共政策分析》	公共政策评估实际上是一种价值判断，要进行价值判断，就必须建立价值准则即评估标准，确立评估的步骤，采取正确的方法。

续表

视角	代表人物	代表著作	主要观点
评估程序	陈振明	《公共政策分析》	依据一定的标准和程序，对政策的效益、效率及价值进行判断的一种政治行为，目的在于取得有关这些方面的信息，作为决定政策变化、政策改进和制定新政策的依据。
评估作用	林水波	《公共政策论衡》	系统地应用各种社会研究程序，收集有关资讯，用以论断政策概念与设计是否周全完整，知悉政策实际执行情形、遭遇的困难，有无偏离既定的政策方向，并指明社会干预政策的效用。

资料来源：作者整理。

（二）公共政策评估的意义

公共政策是政府公共权威做出的一定的社会生活的行为准则和行为依据。它是为解决公共问题、达成公共目标、由政治过程所产生的策略。因此，一项公共政策适当与否，成功与失败，直接关系到政策目标的实现，影响到人们对政府的信任程度。所以对公共政策执行后的效果进行判断，以确定政策价值的公共政策评估就显得尤为必要。

通过对某一公共政策的科学评估，我们能够对政策过程的各个阶段进行全面考察和分析，判断其政策目标的实现程度、政策措施的预期效果、政策执行的实际障碍以及政策过程的经验教训，为以后的政策实践提供良好的基础。同时，可以判断该公共政策本身的价值，从而决定其延续、革新或终结。能否对某一公共政策进行科学的评估是该公共政策能否顺利执行的基础，也是公共部门以后制定公共政策的重要参考。因此，政策评估不仅是政策运行过程的重要一环，也是促进政策科学化的催化剂。公共政策评估的意义主要体现在以下四个方面：

1. 推进政府改革的客观要求

降低行政成本，提高政府绩效，是当代政府行政体制改革的重要目标。作为政府绩效评估的重要组成部分，公共政策评估能有效地检测政策效率和效益，为合理配置政策资源奠定基础，可以有效推动政策的科学化和民主化，从而推进政府治理体系的改革。

2. 发展市场经济的迫切需要

公共政策评估中充分考虑到市场因素和市场机制的作用，合理地配置公共资源，不仅具有优化政策的政治意义，而且也是提高我国经济发展效率、完善市场经济体制的迫切需要。加强政策绩效评估，对公共政策的社会和市场必要性进行评估，可以提高政策资源的使用效率，优化资源配置，意义重大。

3. 促进社会稳定的有效工具

当前我国全面深化改革正步入深水区，社会矛盾交织叠加、错综复杂，正确处理改革、发展、稳定三者关系，仍然是各级党委、政府面临的重大课题。对于重大的公共政策进行系统的政策评估，尤其是建立重大改革和决策的社会稳定评估机制，对改革决策可能出现的影响社会稳定的各种因素主动进行评估分析，就可以从制度上预防和减少可能出现的社会矛盾，从而促进社会稳定。

4. 决策责任追究的客观依据

政策评估是厘清公共政策责任的前提，公正科学的政策评估可以明确政策的效果、效益与效率，并发现造成政策效率损失的根源和责任主体。因而，公共政策评估结果是对政策决策主体进行责任追究的重要依据。党的十八届四中全会提出“深入推进依法行政，加快建设法治政府”，并具体提出推行政府权力清单制度，健全依法决策机制，建立重大决策终身责任追究制度及责任倒查机制等。这体现了政策评估在重大决策的风险评估和责任认定中的明确指向作用，对于改善公共政策决策和执行具有十分重要的意义。

延伸阅读

2014年5月30日，国务院总理李克强主持召开国务院常务会议，对国务院已出台政策措施落实情况开展全面督察。重点针对落实进展缓慢的，查找原因、提出对策，打通抓落实的“最先一公里”和“最后一公里”，力破“中梗阻”，消除影响政策落地的体制机制障碍。目前已建立了权力清单制度，不允许为官乱为，也要明确和强化责任，克服“只要不出事、宁愿不做事”的为官不为和“不求过得硬、只求过得去”的敷衍了事。会议要求，这次督察既有各级政府的自查与实地检查，又要引入第三方评估和社会评价，既督地方也督部门。国务院将派出督察组，对落实不力的严肃问责。[①]

(三) 公共政策评估的作用

对公共政策的执行效果加以评估，主要基于两个方面的需求：一方面是复杂的社会问题、尖锐的社会矛盾，迫使人们对政府制定政策的效果加以反思：公共政策是否达到了预期目标，增加了社会效益？ 还是无所作为，徒增了社会成本？ 另一方面，政府部门的长期实践表明，大量的公共政策不断在制定和实施，但并非每一项公共政策都能达到预期的目标，相反绝大多数公共政策的效果与目标之间存在偏差，有些甚至和目标相去甚远。 公共政策执行效果的差异性促使政府中的决策人员去寻找根源。 政策执行之后取得何种政策效果？政策执行在多大程度上达到了政策目标？ 何以政策效果与政策目标不一致？ 政策执行获得效果或出现失误的原因是什么？ 政策评估可以通过对政策效果的分析，找出偏差出现的原因，总结经验和吸取教训，从而为以后的政策制定与实施所借鉴。 总体来看，公共政策评估的作用主要体现在四个方面：

---

① 摘自：中央政府门户网站，www.gov.cn，2014 年 5 月 30 日。

1. 决定公共政策执行走向的科学依据

政策的运行是一个动态过程，任何政策在执行一段时间后都需要检验政策的效果、效益和效率。政策决策者必须根据实际情况，决定该项政策是延续、改进或终止，而政策评估则为这种决定提供了现实的重要依据。政府部门依靠政策评估来修正、调整、继续或中止某项公共政策方案，从而引导政策运行趋向正确、科学的方向。

2. 重塑目标，制定新政策的必要前提

从政策的连续性来看，任何一个新的政策目标和新的政策方案都不是孤立的、凭空产生的，它总是以原定政策及其执行效果为背景的。政策评估的总结功能决定了政策评估在重新确定政策目标，制定新政策时能够提供必要的依据。实践中，许多新政策就是对原有政策分析评估的产物，是原有政策的继续和发展。

3. 政策资源合理有效配置的现实基础

政策评估通过对政策运行效果的分析、比较和评估，可以知道政策运行的价值和经济效益。由于公共政策资源的有限性，决定了政策决策者和执行者都必须考虑如何充分利用有限的资源来取得最大的政策效益。这就要求政府主管部门在不同的政策投入中合理地配置政策资源。因而，只有通过政策评估，才能确认每项政策的价值并决定政策资源配置的优先顺序和比例关系，从而获得政策最佳的整体效果。

4. 政策运行民主、科学化的必由之路

实践证明，通过政策评估能够广泛动员人民群众参与政策制定和实施，使政策运行能够真正地反映民意，集中民智，保障人民当家作主。政策评估有助于政策运行的民主化。通过政策评估，人们不仅能够对政策本身的价值作出科学的评判，而且能够对政策的各个方面进行考察分析，发现问题并提出完善的政策建议，为连续的政策实践提供良好的基础。因此，政策评估不仅有助于政策科学化，也有助于政策民主化。

二、了解公共政策评估的发展历程与现实难点

（一）发展历程

自 20 世纪 70 年代以后，公共政策评估逐渐成为社会科学领域中一个相对独立的发展方向。西方发达国家普遍重视政策评估，公共政策评估实践范围越来越广，并成为社会科学中最为活跃的领域(Cronbach, 1980)。目前国外针对政策评估的研究主要有以下三个方向：一是狭义地研究政策评估，仅限于对政策方案的评价，通过比较分析解决问题的各备选方案，为决策者选择最优方案。（Stuart S.Nagel 1976；C.M.Schmidt 2007)二是对政策全过程的评估，既包括对政策方案的评价，也包括对政策执行及政策效果的评价。（James E.Anderson,

2003； BE Dollery， 2009）三是将公共政策评估作为对公共政策效果的评价，判断政策效果与投入成本是否相符的过程。（Thomas R.Dye， 2007）

根据公共政策评估模式的演进历程，美国学者埃贡 · G.古贝（Guba）和伊冯娜 · S.林肯（Lincoln）把政策评估划分为四代：

第一代：19 世纪末至第二次世界大战前夕，以测量为主要模式。 评估者扮演技术人员的角色，他们需要掌握各种可能的测量工具，以提供所需的调查数据。

第二代：第二次世界大战至 20 世纪 70 年代初，此时的政策评估通过描述的方式，揭示政策执行效果的优劣。

第三代：20 世纪 70 年代至 80 年代中期，评估模式以判断为主。 评估者不再简单地测量和描述政策效果，而是根据调查、实验并结合自身的经验进行判断，从而影响决策制定和政策调整。

第四代：20 世纪 80 年代中期后。 为了修正以往过度重视实证评估的缺陷，政策评估范式开始注重定性的评估途径。在这个层次，众多利益相关者的利益诉求和公共政策的伦理价值才被纳入考察的范围。

古贝和林肯的框架对于厘清经典文献中的批判实证主义并论证公共政策价值评估研究的有效定位，具有一定的指导意义。 具体来看，政策评估理论研究在西方国家的发展脉络（见表 3.2）如下：

表 3.2 西方公共政策评估研究发展阶段脉络

	第一代（效果评估）	第二代（使用取向评估）	第三代（批判性评估）	第四代（回应性建构主义评估）
时间	19 世纪末至第二次世界大战前夕	第二次世界大战至 20 世纪 70 年代初	20 世纪 70 年代至 80 年代中期	20 世纪 80 年代中期以后
关注点	政策实施的效率和政策目标实现程度	评估结果的价值和实用性分析	政策价值取向，即政策所体现的社会公平、公正问题	政策评估过程中的多方需求，多元互动，综合了对政策效率、政策公正性的共同关注
性质	工具导向性	目标导向性	暂时性的决策导向性	行为导向性
评估方法	测量	描述	判断	谈判协商
评估技巧	实验室实验	实地实验	社会实验	政策制定
评估范式	实证主义范式	实证主义范式	实证主义范式	建构主义范式
评估实施	政府内部的评估主要是评估政府社会行动计划能够有效解决社会问题，反映特定时空背景下的社会需求	对已执行的政策方案，按照预期的特定目标，对其结果的优劣进行“客观描述”	根据被评估者的内在本质和外在的前因后果来判断公共政策的优劣。主要在政府内部进行，着重讨论社会公平性问题，强调判断是评估不可或缺的一部分	全面考虑政策涉及所有利害关系人的、政治的、社会的、文化的以及其他各种相关的因素。重视对利益相关者的利益要求的回应，强调结合评估者和政策相关者，并在彼此互动和相互协商中进行评估

续表

	第一代（效果评估）	第二代（使用取向评估）	第三代（批判性评估）	第四代（回应性建构主义评估）
评估角色	技术员（Technician）	描述者（Describer）	评判员（Judger）/决策者（Decisionmaker）	技术员、描述者、判断者、领路人（Guider）、仲裁者、合作者、管理者、建构者、变迁推动者

资料来源：［美］埃贡 · G.古贝、伊冯娜 · S.林肯：《第四代评估》，秦霖、蒋燕玲等译，中国人民大学出版社 2008 年版。

我国的政策科学研究起步较晚，但经过近三十年的发展，中国公共政策学科逐步得到了完善。无论是对西方政策科学研究成果的介绍还是对中国政策科学理论体系的探索，无论是对政策学科基础理论的建设还是对现实公共政策问题的研究，都取得了可喜的成绩。国内公共政策研究领域的著名学者，如张国庆、陈振明、宁骚等在《公共政策学》、《政策科学—公共政策分析导论》等高等教育本科教材中，开始探索公共政策评估的研究，经典教材均有一个章节专门阐述公共政策评估的概念、含义，作用和主体，过程标准和影响因素，方法和困难等，为我国公共政策评估的研究开了先河，并使得公共政策评估的理念传播开来，逐步成为公共政策相关学者和官员的共识。

但从总体上说来，国内政策评估理论体系尚不完善，评估方法、技术的欠缺使得政策评估研究尚未能很好地与政策实践相结合，成为政策科学中比较薄弱的部分。从政策评估实践来看，中央政府较之地方政府更注重决策的科学化和民主化，如我国的国有企业改革、医疗体制改革、社会保障制度的改革和金融体制改革等一系列重大公共政策，都是经过无数次的调查、研究、反馈信息，对以往相关政策进行综合评估的基础上形成的。实践证明了政策评估符合我国渐进决策模式的需要，有助于决策的科学化和民主化的实现。然而令人遗憾的是，在我国依然有一些地方政府往往只注重政策执行，而很少关心政策制定，更不用说政策评估。这种现象在经济落后的中西部地区以及层次较低的基础政府中更普遍、更明显。

（二）现实难点

公共政策评估是政策分析不可或缺的一环。在整个政策过程中，特别是在政策执行之后，需要对政策方案和政策执行活动进行评估。随着政策科学理论与实践的发展，科学化的公共政策对经济发展和行政效能起到了巨大的推动作用，党和政府也越来越重视公共政策评估对决策科学化、民主化的重要作用，并在实践中鼓励政策评估，开展政策评估。但是在政策评估的实践过程中，也存在着很多现实难点：

1. 政策目标的不确定性加大了政策评估的难度

政策评估的一项重要工作是考察政策执行是否完成了预定的目标。而要做到这一点，政策本身就必须有明确的可测定的目标。但由于政策问题的复杂性以及政策制定者的一些主观因素，政策目标常常难以明确。表现在：①许多政策目标难以被量化；②政策目标的多重性，甚至相互矛盾；③在政策执行过程中，政策目标可能随时发生变更而被修正；④有时政策制定者和执行者还有意用模糊的方式来表达和说明政策目标，以此增加某种应变的能力。所有这些情况，都给衡量和评价政策目标的完成程度，造成很大的困难。

2. 政策影响的广泛性使得政策评估边界不明晰

一项政策实施后，其影响往往涉及社会生活的许多方面，既包括预期的影响，也包括非预期的影响；既包括政策系统内部的各种变化，也包括政策系统外部环境的变化；既有积极的影响，也有消极的影响；既包括短期影响，也包括长期影响。在导致这些影响的所有因素中，有些因素难以测定，甚至根本无法测定。此外，各种影响因素也往往难以用同一个计量标准来衡量，这就给政策评估带来了很大障碍。

3. 政策资源的混合和政策行为的重叠难以区分

公共政策不是孤立、单独存在的，往往会有许多政策同时被执行并发挥作用。这样一来，无疑导致了公共政策资源的混合和政策行为的重叠。在评估实践中很难分清某项政策的实际效果和影响力，从而增加了公共政策评估的难度。同时，政策行动和环境改变的因果关系也不易确定。我们在评估一项政策时，总希望能在政策行动与实际社会情况的改变间建立一种因果关系，即实际社会情况的改变会受到政策行动的影响。但是实际社会情况的改变往往同时受到政策以外的其他因素的影响，政策往往缺乏相对的独立性。

4. 政策评估相关人员尤其是被评估对象的抵制

政策评估虽然是对政策的价值判断，但由于任何政策都是由人来制定并执行的，所以政策评估也是对有关人员行为的一种价值判断。实际上任何类型的政策评估，都包括了对政策制定过程和执行过程的优劣功过的评判。政策评估本身就具有批判性，因为政策评估的目的就是要从政策实践活动中发现问题、找出差距，提高政策活动的水平。因此，与政策有关的人员往往容易对政策评估产生一种抵触心理，只提供对他们有利的信息，因而可能增加评估的难度。

5. 政策评估信息资料和经费缺乏稳定的来源

资料和信息是进行政策评估的基础。如果没有足够的与政策相关的统计资料和其他多方面的政策信息，政策评估就很难进行。我国目前对公共政策的信息管理还不够重视，政策信息管理体制和机制还不够健全，对政策信息管理不够规范，资料不完整，统计数据不准确，使得公共政策评估者难以用精确的信息来分析政策的运行过程及其结果。另外，公共政策评估需要投入相当的经费、设备、时间与人力，但在政策评估重视程度不够的现实环境下，要从公共政策的决策机关或执行机关获得评估经费，还存在许多的困难，因此影响了政策评估的开展。

三、公共政策评估的类别流程与方法

(一) 公共政策评估的类别

公共政策评估的类别可以从主体形式、组织形式和评估时间等视角进行区分，可以将公共政策评估分为自主评估与第三方评估；正式评估与非正式评估；事前评估、事中评估和事后评估。

按照评估主体的视角来界定，可以将政策评估分为自主评估与第三方评估两种类别。一种是由政策方案制定和执行者就政策执行本身的效果进行自主评估。从理论上讲，自主评估具有信息优势和专业优势。但由于利益相关关系，评估的公正性也可能受到一定的影响。另一种是由各类社会组织特别是专业评估组织进行的第三方评估。正如詹姆斯·J.威尔逊所说："所有介入社会问题的政策都会产生一定的预期效果——如果研究是由执行政策的人或利益相关者进行的话；没有一个介入社会问题的政策会产生预期效果——如果研究是由独立的第三方，特别是那些对政策持怀疑态度的人来进行的话，其效果肯定不一样。"[①]这表明评估者的立场和角度不同，会导致公共政策评估结果各异。有必要组织第三方评估来进行更为中立、客观的政策评估。因此，当前的公共政策评估

① [美]托马斯·戴伊:《理解公共政策》(第十一版),第291页。

理论都十分强调内部和外部评估的结合，主张政府、公民和第三部门的多方评估。

延伸阅读

2012年7月，国务院印发的《国家基本公共服务体系“十二五”规划》也指出，要开展全国、各地区和各行业的基本公共服务水平监测和评价，“积极开展基本公共服务社会满意度调查。鼓励多方参与评估，积极引入第三方评估。完善基本公共服务问责机制，增加基本公共服务绩效考核在政府和干部政绩考核中的权重”。一些地方政府已经开始尝试委托第三方独立开展公共服务满意度测评，如兰州、北京、青岛、深圳、汉中等城市。还有越来越多的学术机构开始进行政府公共服务绩效评价。①

按照组织形式的视角来界定，可以将公共政策评估分为正式评估和非正式评估。其中，正式评估是指针对某一项公共政策，成立专门的政策评估队伍，制定专门的评估方案，就专门的评估内容建立评估指标，进行专项评估。非正式评估则是指将公共政策的评估纳入到政府日常工作当中，政策评估以工作检查和工作总结等方式来进行。

---

① 摘自：马亮、于文轩：《第三方公共服务绩效评价的评价：一项比较案例研究》，《南京社会科学》，2013年第5期。

延伸阅读

上海市委书记韩正会见来沪参加第26次市长咨询会议的国际企业家时表示，自贸试验区是我们国家深化改革、扩大开放的重大举措，目前起步顺利，今后的任务非常艰巨。我们将按照国际通行规则、结合中国国情进行全新的探索，始终使创新改革与风险防范的措施和能力相吻合，适时引入第三方评估机制，不断完善各项措施。上海市市长杨雄在会后的新闻发布会上表示，自贸试验区已逐步建立一套由基础性制度、专业监管制度等组成的事中事后制度体系，更加高效、透明、规范地维护市场秩序，防范系统性风险。第三方评估报告显示，自贸试验区的试点进展与建设具有国际水准、开放度最高的自贸试验区的要求仍有一定的差距，提出了进一步扩大市场准入、拓宽贸易监管创新试点范围、加大金融改革力度、改善政府服务体系等建议，上海市将根据评估报告继续缩减负面清单。①

按照评估时间来界定，可以将政策评估分为事前、事中和事后评估。政策评估实施侧重于对政策预期效果的评估，即事前评估。事中评估侧重对决策过程的各个阶段，例如政策问题的提出和确定、政策抉择的备选方案、选定政策方案、实施政策方案的评价。事后评估侧重对公共政策效果的评价。该框

① 摘自:《韩正会见上海市市长国际企业家咨询会议成员》,东方网2013年10月27日。

架按照"政策制定—政策执行—政策效果"的过程分析模式，评估活动涉及"方案评估"（事前评估）、"执行评估"（事中评估）和"效果评估"（事后评估）各个节点（如图 3.1[①] 所示）。对于不同的节点，按照前述政策评估标准，可再进一步确定评估的关注点，进而建立评估指标体系框架，确定评价指标和方法。

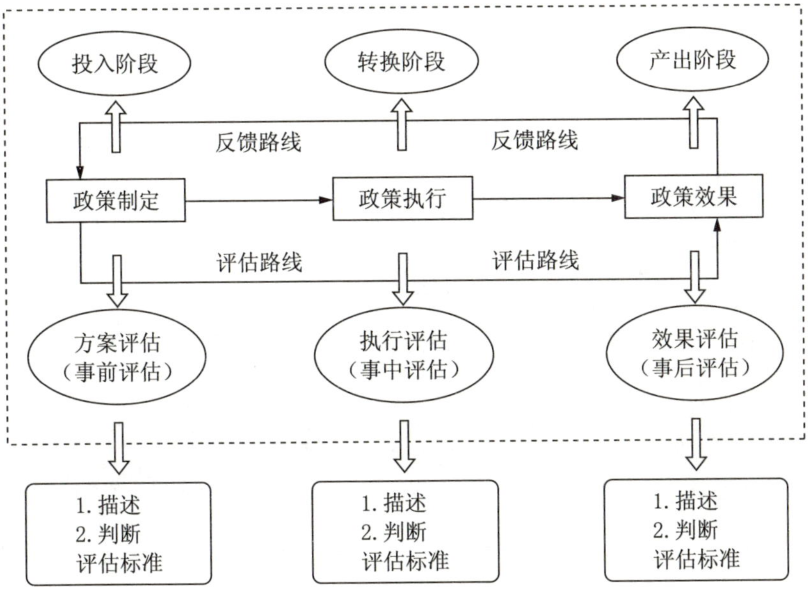

图 3.1　全过程公共政策评估的逻辑框架

（二）公共政策评估的流程

公共政策评估一般来讲要经过准备、实施和总结三个阶段（如图 3.2[②] 所示）。第一阶段的准备主要包括确定政策评价对

①② 赵荆晓:《创新政策评估理论方法——基于公共政策评估逻辑框架的视角》,《科学研究》2014 年第 2 期。

象，明确评价目标、选择评价标准和界定评价手段等内容；第二阶段是政策评估实施阶段，主要是通过各种手段收集与政策制定、执行、影响和效益相关的政策信息并进行综合分析，选择合适的方法来进行评价；第三阶段是收集有关评价对象的各种信息，撰写政策评估报告，利用评估结果提出建议和措施，并总结政策评价工作。

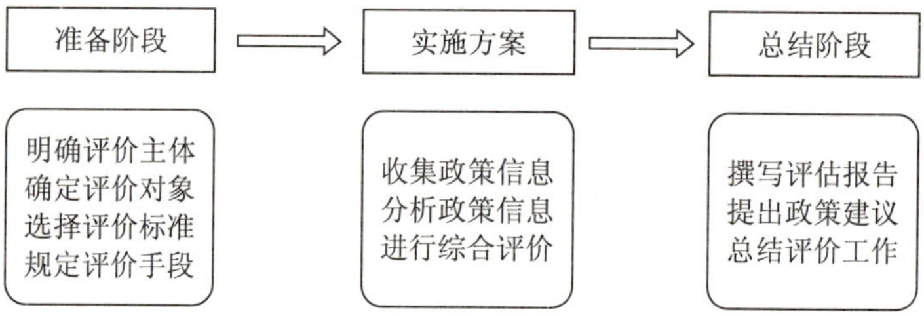

图 3.2 公共政策评估的三阶段流程图

具体来看，公共政策评估的一般步骤是：

(1) 评估项目的前期论证阶段：评估机构根据被评估项目的原始资料，论证是否有能力承担某项任务，然后建立评估组织和聘请专家，一般聘请相关领域的知名专家和一线工作人员、主管领导等。

(2) 基础准备阶段：评估组织制定评估方案，根据评估需要设计详细的调研提纲。同时遵循一定的方法，制定相应的评估指标，选择指标处理方法。

(3) 资料收集阶段：根据评估方案和调研提纲，尽可能具体、准确地收集各方面的数据和资料。

（4）分析整理资料阶段：对收集到的方方面面的数据资料，进行归纳整理和统计分析。

（5）综合评估阶段：专家根据分析后的数据资料起草评估报告，讨论通过后，根据具体情况决定是否公布。

（6）关注评估使用阶段：评估报告撰写完毕并提交后，政策评估进入到实际的运用阶段，应该关注政策评估是否被政府采纳了，以及其对政策运行走向的影响。

（三）公共政策评估的方法

公共政策评估是政府科学决策的重要依据，由于评估方法很多，如何正确选择评估方法决定了评估结果的科学性。在公共政策评估方法的选择上，应该坚持定性分析与定量分析相结合的原则，以提高公共政策评估的质量，使评估结果更为科学，真正发挥政策评估的功能。但由于受传统政治学取向以及政策科学本身特性的影响，我国政策评估方法呈现出定性研究多而定量研究少的特征。因此，着重介绍几种较为典型的政策绩效评估的反馈设计与试验模型方法：

1. 政策前—后测比较法

单组前—后测设计是较为常见的公共政策绩效评估设计，如图3.3所示：政策评估的关键是比较政策实施前后两个代表性试点 A_1 和 A_2 的政策绩效标准。首选需要对 A_1 和 A_2 两个时点的公共政策绩效情况进行测量。然后就两个政策时点的政策绩效进行比较，得出其水平差异（$A_1 - A_2$），从而达到政策评估的目标，也即将政策效果的差异视为公共政策实施的效果。

这种方法的优点是简便易行、便于操作，但问题是简单地比较可能难以真实反馈单一政策的效应。

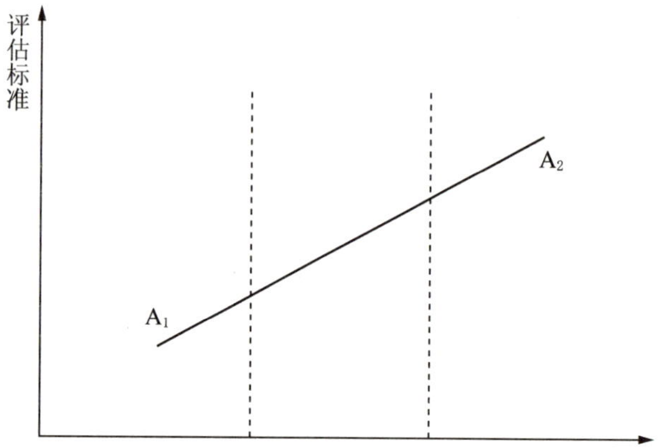

图 3.3　公共政策评估单组前—后测设计

2. 简单时间序列比较法

简单时间序列比较法也是公共政策评估常见的定量方法之一。与前—后测设计不同的是，这种方法要求在政策实施前就已经收集并获得比较长时点的有关政策绩效的标准数据，并且可以依据已经收集的大量数据，进行时间间隔的绩效评估测试(A_1，A_2，A_3……)，同样可以将具体公共政策实施后实际测量得到的绩效数据(A_n)同之前预测到的绩效数据(A_3)进行比较，所得出的比较差异(A_n-A_3)即被认为是该项政策的实施效果。该种方法可能出现的问题是，制度环境往往不允许我们搜集在政策干预之前的相关数据，或是这些感兴趣的指标在计划实施前往往不能准确地测度。即使我们搜集到计划前的数据，考虑到政策环境变动的多样性和外部趋势效应，用它来替代政策实施前的绩效也可能存在一定程度的“失真”(见图 3.4)。

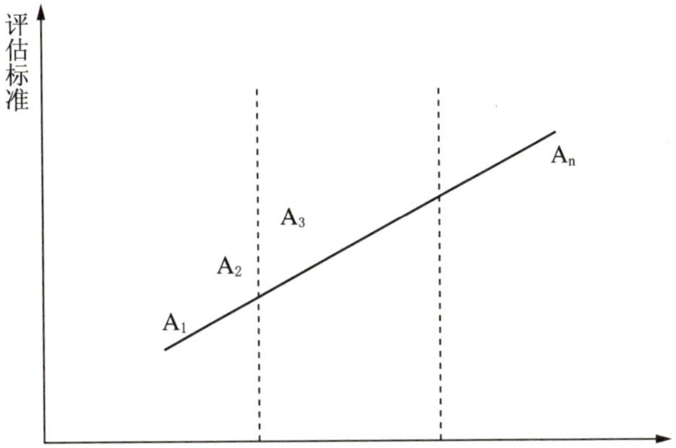

图 3.4　公共政策评估简单时间序列设计

3. 政策对照组比较法

由于政策前—后测比较和简单时间序列比较都存在一定的“边界模糊”和“信息失真”，我们可以通过构造一个控制组或对比组来避免前面方法的不足。这种方法要选择和增加一个在政策环境和条件等各方面，与政策实验组高度相似的对照组，通过测量和比较对照组和实验组在政策实施前后的绩效差异，更为客观准确地测量政策本身的效益。在比照实验组的政策评估中，图 3.5 中 B_1时点作为政策对照组的起点，B_2时点为自然条件状态下政策不干预所产生的实际效果。而同样原始条件的实验组在时点 A_1的效率为政策干预前的初始点，A_n为政策干预后的效率。因此，$[(A_n - A_1) - (B_2 - B_1)]$被认为是公共政策实施所带来的绩效。正是因为某项政策的实施，才使得原来两个在相同政策环境下条件十分相似的项目组的政策效果差异。

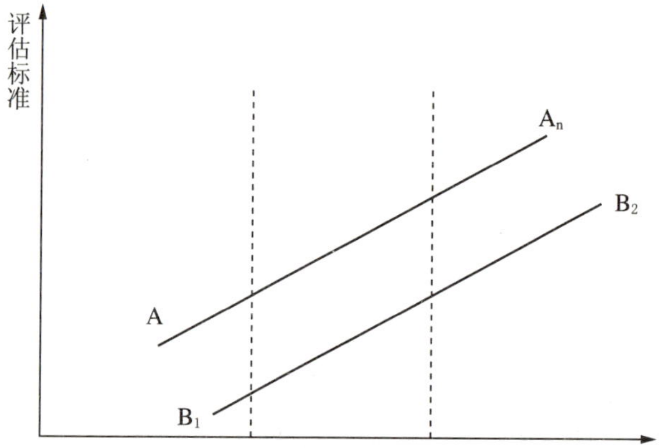

图 3.5 公共政策评估对照组设计

四、公共政策评估的案例分析

和公共政策的执行一样，公共政策评估作为公共政策科学中最为贴近现实的一个环节，在日常工作中时常需要进行实际操作。因此，作为一项政府和公共部门的常规工作，公共政策评估不仅体现为理论和观念上的重视，更需要作为一项具体的工作任务，分解为可以实施和操作的步骤。因此面向实践的公共政策评估对于现实政策实践活动中的工作，需要借助实际案例来进行分析，以体现公共政策评估为政策实践服务的价值。从工作事务的视角出发，公共政策评估的步骤主要包括：①制定评估程序；②收集评估资料；③分析评估资料；④提交评估报告。为了详细解析公共政策评估在政府日常工作中是如何执行和操作的，本章受上海市J区委托，以上海行政学院城市社会研究所、复旦大学城市发展研究院等单位组成的第三方，就区域联勤和城市网格化综合管理为案例，进行公共政策评估工作方式和实施步骤展示。

(一) 政策评估的背景

“城市网格化管理是城市管理部门依托信息技术，采用万米网格管理法和城市部件、事件管理法，运用城管通等信息实时采集传输手段，再造城市管理流程，最终实现精确、高效、全时段监控、全方位覆盖的城市管理新模式。”[①]各地方在区域联勤和城市网格化综合管理的实践工作中，急需结合本区域的实际情况，探索符合区域发展和实际应用的联勤和城市网格化综合管理评估体系。

从上海市J区的区情来看，经济社会持续快速发展，城市化进程的加快，不可避免地带来各种社会矛盾，而社会管理力量的分散、部门职能的相近、信息资源不能充分共享的现实状况，给城市管理工作带来严峻挑战，制约着城市管理效能的提高。许多职能部门在社会管理和治理中存在管理多头、管理内容相近、管理信息分散、平台建设重复等问题，不仅造成资源浪费，也影响城市管理效能提高。上海市J区以改革的思路，

---

① 翟国涛、刘苗苗：《城市管理评价指标体系研究——以城市网格化管理为例》，《西北工业大学学报》(社会科学版)2013年第2期。

突破体制机制束缚，推进城市管理工作，成立联勤和城市网格化综合管理中心，负责统筹协调城市综合管理工作，以进一步提升城市综合管理效能，实现管理手段、方式和力量的优化。

同时，上海市J区实施了城市管理指数测评，由上海市J区城市网格化管理领导小组办公室联合区建设和交通委员会等部门，建立了区级城市管理指数测评的常态工作机制，以月度实地调查数据为基础，每月在区级媒体发布实地调查测评结果，以半年为周期，通过实地调查情况进行汇总，开展问卷调查，统计群众监督情况，计算出城市管理文明指数，形成城市管理指数测评分析报告，测评结果将在区级媒体上予以公布。目前已经进行了六次城市管理指数测评，为完善上海市J区城市的长效化、常态化与规范化管理建立了有力的工作抓手和政策标杆。然而，随着目前社会矛盾累积和加剧，城市管理集中和细化，继续对当前城市网格化管理进行更为全面、独立、科学的效能评估需求依然十分迫切。

“在政府组织就自身业务工作开展绩效评价相对缺乏信度、效度和公信力的情况下，第三方政府绩效评价成为社会关注的焦点。人们普遍认为独立的第三方可以开展客观、专业的绩效评价，对政府绩效进行强有力的外部监督。一些地方政府已经开始尝试委托第三方独立开展公共服务满意度测评。”[①]此次上海市J区委托第三方课题组就联勤和城市网格化

① 马亮、于文轩：《第三方公共服务绩效评价的评价：一项比较案例研究》，《南京社会科学》2013年第5期。

综合管理进行评估，能够在此前工作积累的基础上，进一步做好区域联勤和网格化管理评估工作，实现“三个有利于”：即有利于强化区域联勤网格化管理评估的理论基础，提高城市网格化管理的制度效能；有利于细化完善区域联勤网格化管理评估的指标体系，强化城市网格化管理的问题导向；有利于活化区域联勤网格化管理稳定器和矛盾调节器作用，实现社会稳定和谐发展。

（二）政策评估的目标

为深入开展上海市J区联勤和城市网格化综合管理工作，提高管理水平提供科学、详细、准确的信息，本研究以第三方评估的视角，在独立进行“社会公众满意度”问卷调查、“现场实地监测”和“专项统计”的基础上，以上海市J区12个街道/镇为被测评主体，96个城市责任网格区域为被测评个体单位，开展2015年度上海市J区城市管理社会评估工作，并形成《上海市J区城市网格化管理社会指数评估报告》，评估工作将实现以下四个目标：

一是研究构建区联勤和城市网格化综合管理评估指标体系，通过综合管理评估体系来确定各个街镇和城市责任网格的城市管理综合指数排名。二是调查梳理区联勤和城市网格化综合管理工作中的漏洞，分别找出上海市J区区级层面和各个街镇城市网格化管理中的主要突出问题。三是提出完善区联勤和城市网格化综合管理工作的政策建议，为上海市J区联勤和城市网格化综合管理效能的提高找准方向。四是累积构建区联勤和城市网格化综合管理工作的大数据库，延续以往调研基础和成果的发布方式，继续做好上海市J区联勤和城市网格化综合管理信息的披露。

（三）政策评估的内容与方法

1. 评估原则

为了更好地落实本次评估，找准当前上海市J区联勤和区域网格化综合管理工作中存在的主要问题，并以群众满意为目标导向，及时加以解决，在系统全面监测实际工作和社会满意度调研的基础上，就联勤和区域网格化综合管理工作提出科学可行的政策建议。总体而言，此次第三方评估将严格遵守以下四个方面的原则：

一是问题导向原则。政策评估的立足点是发现问题。因此，无论是“社会公众满意度调查”、“现场实地监测”还是“日常工作专项统计”，各项评估内容都将围绕现阶段城市网格化管理中存在的问题来设计。

二是群众满意原则。习近平总书记强调：“将群众满不满意、高不高兴、答不答应作为衡量党政部门一切工作的唯一标准。”[①]韩正同志近期在浦东新区合庆镇勤奋村召开现场会，也强调“群众观点须臾不能忘记”。认为“问题总是客观存在的，关键是用什么样的态度对待。只要站在群众的角度去感

① 《感习近平履新日　把“人民群众”挂嘴边》，中国共产党新闻网，http://www.12371.cn/。

受，就不怕看不清问题、找不到短板。”[①]因此，本次评估将群众满意作为政策评估的核心出发点，在评估内容中加大社会公众满意度调查的比重。更加重视群众感受，将区联勤和城市网格化管理工作的成果与群众的实际感受联系起来。“数据再好看，群众不买账不行。成绩再漂亮，群众不认同不行。”

三是系统全面原则。本次评估将更为注重区域联勤和网格化管理工作的系统性和评估工作的全面性。系统性体现在对日常工作的监测，全面原则体现在本次评估将区域城市网格化管理日常工作的151项指标均纳入评价范围，并融入社会公众满意度调查的问卷和工作监测当中。

四是科学可行原则。本次评估将从研究领域理论分析和现实调研两个方面，提出未来区域联勤和城市网格化综合管理工作需要完善的政策建议。一方面，结合学界就城市网格化综合管理已有研究理论成果，总结当前面临的理论挑战和政策建议。另一方面，在社会公众调查和实地调研结束后，结合调查发现的问题进行数据处理和问题排序，找出当前面临的工作难点和解决方法。力求政策建议符合区域联勤和城市网格化综合管理工作未来的战略发展方向和当下推进完善的现实路径。

2. 评估内容

本次评估主要通过建立上海市J区联勤和城市网格化管理

① 《韩正书记为何要再提“群众观点”》，http://www.jfdaily.com/pl/bwyc/201509/t20150917_1824163.html。

社会评估指标体系和计算公式，从社会公众满意度调查、现场实地监测和日常工作专项统计(舆论监督和整改反馈)三大方面进行评估。具体评估范围为：上海市J区12个街道/镇，96个城市责任网格区域。具体测评项目为《上海市城市网格化管理规范》所规定的5大类88项部件和5大类32项事件。综合社会公众满意度调查、现场实地监测、日常工作专项统计的各项分数，为上海市J区城市综合管理社会评估指数。

3. 评估方法

(1) 社会公众满意度调查。

从社会公众感知度较高和可操作性的角度出发，设置“治安消防”、“道路交通”、“市容环境”、“经济社会秩序”和“突发事件处理”5项二级指标，在每个二级指标下设置若干项具体化、形象化的三级指标为主要内容，对被测评单位开展满意度评价，测评得分占总指数的50%，详细内容见附件1问卷。

(2) 现场实地监测评价。

参照《上海市J区城市综合管理标准管理办法》的工作内容，按事件和部件两大部分分别进行分类，共设置151项调查指标。其中，事件分为治安消防、道路交通、市容环境、经营秩序和突发公共事件5个类别，63项调查指标。部件分为公用设施、道路交通设施、环卫环保、园林绿化和其他设施5个类别，88项调查指标。测评得分占总指数的40%。

(3) 日常工作专项统计评价。

通过对区网格化中心日常工作数据汇总，以案件受理情况、案件处置情况、12345 热线转办件处置情况、重点工作内容情况和督查工作情况 5 个方面，针对上次测评中发现问题的整改情况、信息反馈情况和核查通过情况进行统计。同时对被市级、区级媒体曝光的 J 城市管理问题进行统计，并进行专项扣分。形成专项统计评价得分，测评得分占总指数的 10%。

4. 评估流程

为了保证测评的客观性、公正性和有效性，测评工作遵循以下操作流程（见图 3.6）。

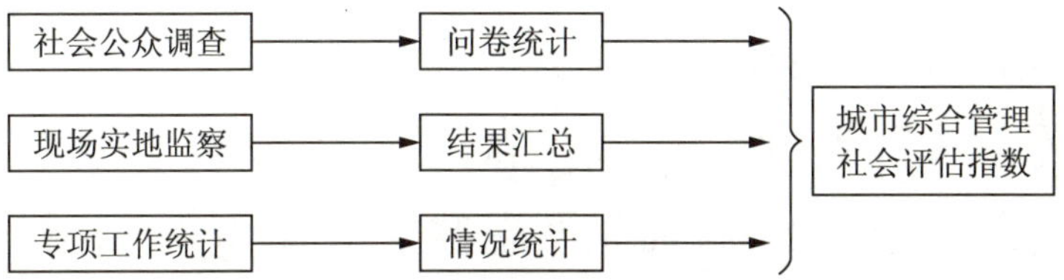

图 3.6　城市综合管理社会评估指数流程图

5. 分值计算

（1）社会公众问卷调查分值计算。

社会公众调查问卷满分 100 分，共设置 5 题，分别为“治安消防”、“道路交通”、“市容环境”、“经济社会秩序”、“突发事件处理”5 个专项满意度调查。其中，每个专项对应非常不满意、不满意、一般、满意、非常满意，每项分别对应设置 2 分、4 分、6 分、8 分和 10 分五档分值。

社会公众问卷调查分数 =（社会公众问卷调查“治安消

防”专项满意度总得分÷有效问卷数）×20%+（社会公众问卷调查“道路交通”专项满意度总得分÷有效问卷数）×20%+（社会公众问卷调查“市容环境”专项满意度总得分÷有效问卷数）×20%+（社会公众问卷调查“经济社会秩序”专项满意度总得分÷有效问卷数）×20%+（社会公众问卷调查“突发事件处理”专项满意度总得分÷有效问卷数）×20%

（2）现场实地监测调查分值计算。

部件：满分为100分，单位面积发现数量（发现数量镇、街道面积）比最少的单位面积发现数量每高出10%，扣1分。单项的最终得分=100－所扣分数，扣到0分为止。如在测评期间，无问题发生的，则该项视为满分。

事件：满分为100分，单位面积发现数量（发现数量镇、街道面积）比最少的单位面积发现数量每高出10%，扣1分。单项的最终得分=100－所扣分数，扣到0分为止。如在测评期间，无问题发生的，则该项视为满分。

实地调查分数=部件实地调查得分×40%+事件实地调查得分×60%。

（3）日常工作专项统计分值计算。

满分为100分，主要以上一次测评阶段半年内的问题数量为标准，以及时处理率、结案率和核查通过率来进行折算。在要求期限的最后一天，通过上海市J区城市网格化管理平台统计及时处置率（及时处置率即为及时度）、结案率数据，并加权平均半年内每个月的核查通过率为半年的核查通过率，如及时处置率为75%，即及时度为75，结案率为92%，核查通过率为90%，日常工作专项统计分数为75×92%×90%=62.1。在市级媒体上被曝光的，每发现一起扣2分。在区级媒体上被曝光的，每发现一起扣1分。

6. 指数计算

总分按社会公众问卷调查占50%，实地监测调查占40%，专项统计占10%进行计算，即城市综合管理社会评价指数=社会公众问卷调查分数×50%+实地监测调查分数×40%+日常工作专项统计×10%。

7. 指数五色标识系统

为直观显示城市管理情况，参照城市文明指数的方式，用指数五色标识系统描述，具体含义见表3.3。

表3.3 城市综合管理社会评估指数

颜　色	代表的分值	指数现状
绿　色	90分及以上	优异
黄　色	75～90分	良好
灰　色	60～75分	尚可
红　色	45～60分	一般
黑　色	45分以下	较差

（四）政策评估的结构框架与指标体系

1. 总体设想

上海市J区城市管理社会化评估总体设想是，通过社会评估指数，从主体工作完成情况和客体工作感知情况两个方面进行满意度综合考量。主体工作完成情况方面，以平台派遣数、事件处置数、事件处置率、及时处置率、核查通过率五个综合指标，反映上海市J区联勤和城市网格化综合管理工作的整改情况。客体工作感知情况方面，以区联勤和城市网格化综合管理知晓率、利用率、满意度、评好率、意见率五个综合指标，反映社会公众对上海市J区城市管理的评价。

2. 框架结构与指标体系

上海市J区城市管理社会评估，是针对上海市J区城市网格化综合管理而建立起来，进行量化分析的评估体系，是一种通过社会公众评议资料、现场实地监测资料和日常网格化综合管理资料的综合分析，反映城市网格化综合管理现状的工具，是一个反映区域联勤和城市网格化综合管理中心对不同时期网格化综合管理水平进行比较分析的平台。

第三方评估专家组根据上海市J区联勤和城市网格化综合管理中心工作职责和目前中心的工作重点，依据《上海市城市网格化管理规范》所规定的5大类88项部件和5大类32项事件，以及《上海市J区城市综合管理标准管理办法》的工作内容，按事件和部件两大部分分别进行分类，共设置151项调查指标。将上海市J区城市管理社会评估编制的内容分类梳理成："治安消防"、"道路交通"、"市容环境"、"经济社会秩序"和"突发事件处理"五项二级指标，在每个二级指标下设置若干项具体化、形象化的三级指标（即社会公众满意度调查、现场实地监测和专项统计的内容)，以方便指数编制资料的收集工作。二级指标为类别指标，是相对固定进行比较的指标；三级指标为调查评判指标，则可根据需要作补充、修改和调整的指标，具体内容和框架结构详见图 3.7。

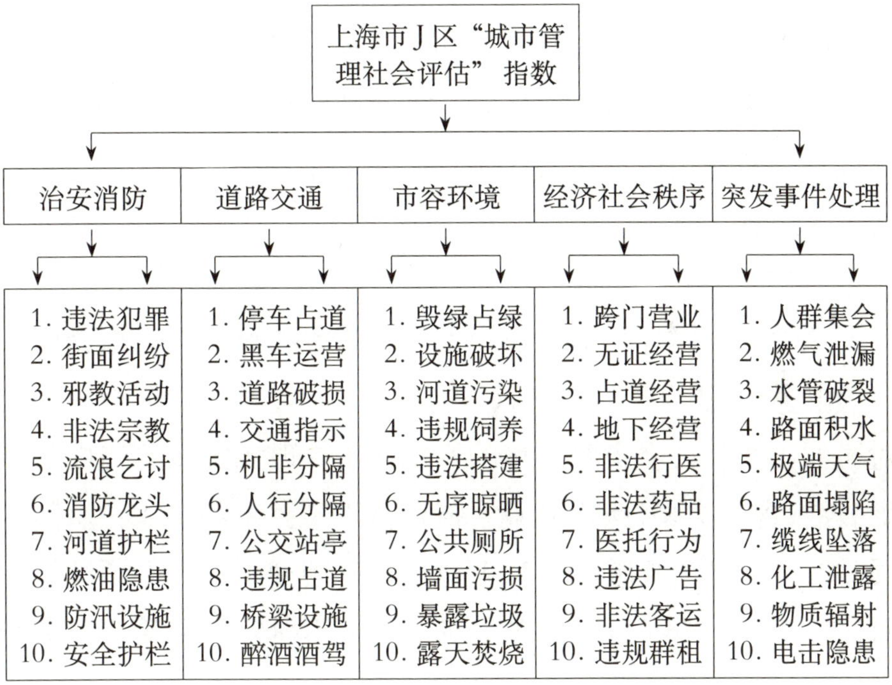

图 3.7　城市综合管理社会评估框架结构与指标体系

(1)“治安消防”指标。

该项类别指标是对上海市J区联勤和城市网格化综合管理中“治安消防”状况的评价，包括社会公众满意度调查中居民的安全环境、消防意识等满意评价调查，现场实地监测中的消防设施、设备、器材等完好情况的观察记录，专项统计中对治安事件、违规销售、燃放、存储烟花爆竹、邪教活动等的统计。

（2）“道路交通”指标。

该项类别指标是对上海市J区联勤和城市网格化综合管理中“道路交通”状况的评价，包括社会公众满意度调查中居民对“道路交通”等满意评价，现场实地监测中的损害侵占城市道路、道路破损占用、车辆乱停放和道路拥堵等观察记录，专项统计中对违规占道设置设施、无证掘路和“五类车”违法行为等的统计。

（3）“市容环境”指标。

该项类别指标是对上海市J区联勤和城市网格化综合管理中“市容环境”状况的评价，包括社会公众满意度调查中居民对居住小区和社会市容环境的满意评价，现场实地监测中的沿街商铺（含各类亭）跨门营业、擅自占用道路堆物施工、墙面污损破旧、车容车貌脏乱差和占道设摊等观察记录，专项统计中对违法建筑、毁绿占绿、文明施工措施不落实和乱涂写、乱张贴、乱刻画等的统计。

（4）“经济社会秩序”指标。

该项类别指标是对上海市J区联勤和城市网格化综合管理中“经济社会秩序”状况的评价，包括社会公众满意度调查中居民对“经济社会秩序”的满意评价，现场实地监测中的无证照经营、机动车非法营运和未亮照经营等观察记录，专项统计中对非法行医、违规房屋租赁和销售过期保健食品、化妆品等的统计。

(5)“突发事件处理”指标。

该项类别指标是对上海市J区联勤和城市网格化综合管理中“突发事件处理”状况的评价，包括社会公众满意度调查中居民对“突发事件处理”的满意评价，现场实地监测中的路面塌陷、路面积水、污水冒溢和粪便冒溢等观察记录，专项统计中对自来水管破裂、燃气管破裂和架空线坠落乱设等统计。

(五)政策评估的工作流程与实施步骤

上海市J区联勤和城市网格化综合管理评估工作流程与实施步骤，主要分为前期工作准备、部门提出建议、现场实地调查、数据处理分析、评估报告撰写、研究报告修改、委托部门审核、评估成果运用八个阶段。

1.前期工作准备

第三方评估组根据前期收集的区联勤和城市网格化综合管理评估文件、信息、数据信息，在综合梳理城市网格化管理已有文献和实践案例的基础上，初步研究并提出区联勤和城市网格化综合管理评估指标体系编制的政策背景、研究意义、基本原则、编制内容、编制流程。

上海市J区联勤和城市网格化综合管理中心根据方案要求，提供与调查相关的资料；第三方评估组在完成资料收集的基础上，抽取调查点；召集准备会议，告知调查工作具体事宜；编制培训资料，对调查人员进行培训；组织调查力量，明确调查职责，安排调查任务；做好问卷等调查资料印刷、礼品购置等，完成调查前期各项准备工作。

2. 部门提出建议

区联勤和城市网格化综合管理中心根据市委、市府和区委、区府的战略部署，按照部门重点工作和问题导向，研究提出区联勤和城市网格化综合管理评估指标体系的修改意见，就具体调查的准备工作和流程提出相关意见。

3. 现场实地调查

第三方评估组召开调查员会议，明确调查任务；分阶段、分批地完成调查任务和问卷审录；调查过程监控，调查质量抽查；编制录入程序，完成问卷审、录工作；整理调查记录。

4. 数据处理分析

实地调查结束后，第三方评估组及时进行调查问卷的自审与互审，确保调查问卷准确有效；进行问卷数据录入和逻辑审核，根据要求完成调查数据比对和汇总分析。

5. 评估报告撰写

在数据汇总、分析的基础上，起草《上海市J区城市管理社会评估报告》，内容包括：社会公众满意评价得分和分析、存在的主要服务问题，当前迫切需要改善的方面等，提出完善措施、改进工作的策略建议等。

6. 研究报告修改

第三方评估组组织相关人员对《上海市J区城市管理社会评估报告》进行专题讨论修改。将区联勤和城市网格化综合管理评估指标体系和研究报告提交给相关领域的专家，咨询、听取专家意见并进行修改，同时根据部门意见进行修改。

7. 委托部门审核

在报告初稿完成后提交区联勤和城市网格化综合管理中心，听取意见并进行修改。召开结题会议，将研究成果《上海市J区城市管理社会评估报告》提交区联勤和城市网格化综合管理中心和区政府相关部门。

8. 评估成果应用

第三方提交的独立评估报告将作为委托部门下一年度对各街镇联勤和城市网格化综合管理工作考评的依据。其中，将各街镇的联勤和城市网格化综合管理工作排名告知相关被评价街道，也将主要问题和相关建议通知对方。区级层面将评估结果与下年度联勤和城市网格化综合管理工作经费下拨、社区工作人员奖金福利发放挂钩，同时全区联勤与城市网格化管理总体情况和城市管理指数将通过区委、区府网站以及机关报向社会公众公布。

五、公共政策评估的现实问题与对策建议

（一）公共政策评估的现实问题

政策科学作为一门独立的学科，在我国是20世纪80年代以后才开始出现的。随着改革开放的深化，社会主义市场经济体制的确立，社会主义民主政治的发展，人们逐渐认识到政

策科学对经济发展和行政效能的重要性，政策评估也因此日益受到党和各级政府的重视。但是政策评估工作还面临着许多实际的、难以在短时间内得到解决的困难，公共政策评估的实践是一个相对薄弱的环节。现实中政策评估实施面临的问题，归纳起来有以下几个方面：

1. 忽视公共政策评估的价值

我国对公共政策评估的研究和实践，主要集中于对政府的综合绩效和部门绩效评估上。由于对一级政府及其部门的评估涉及方方面面，千头万绪，整个绩效评估难以深入和普及。实际上，政府绩效评估包括政府综合绩效评估、部门绩效评估和专项政策评估三方面，其中政策评估是政府绩效评估的基础和主要方式。但受制于专业人员和队伍的缺乏，我国各级政府，尤其是地方基层政府普遍忽视公共政策评估的价值。

2. 缺乏有效的政策评估方法

目前我国公共政策评估仅限于传统的执法检查等方式，尚未成为普遍的绩效管理方式。评估缺乏法制保障和权威推动，政策问题责任难以追究。政策评估无专门组织负责，评估工作难以起步。此外，我国政策绩效评估还存在以政府内部非正式评估为主，标准、方法不科学等问题，有待改善和加强。从理论研究方面看，当前我国政策评估研究普遍存在“两多两少”的问题：即理论推理多，实证研究少；定性分析多，定量评估少。这些问题的存在，在很大程度上影响了政策评估结论的科学性和有效性。

3. 缺乏切实可操作性的评估标准

现有的公共政策评估标准缺乏可操作性。例如，现有我国公共政策著作中有关政策评估标准的典型表述是：“政策是否满足大多数人的利益、政策是否有利于社会生产力的发展、政策是否有利于增进人民的团结、政策是否有利于保持政权的巩固和社会的稳定、政策是否坚持了社会公正的原则。”科学性、客观性、可比性、方向性等公共政策评估原则，均是高度理论化和抽象化的，无法使读者，尤其是政策评估的相关人员据此制定出针对某项具体政策的评估所需要的评估标准。并且仅仅停留在一般的理论分析，较少有深入的理论构建和量化的数学模型。评估标准空洞、宽泛和流于形式，使得政策评估的具体操作存在缺乏科学性和合理性的问题。

4. 忽视政策评估结果的运用

政府对公共政策评估结果的重视程度不够，许多部门将政策评估结果当作一项日常工作在年底总结中体现，更多的是一个“走过场”的行为。忽视政策评估结果的运用，削弱了政策评估对行政决策失误责任追究制实施的应有作用。政策评估过程的障碍导致评估无力，即便是克服种种困难得到的评估结果，也难以受到重视。当政策评估的结论有违支持者的期望时，数据不足、结论片面等都可以作为否定评估结果的借口，政策评估结果本应发挥的作用就不能得到有效发挥。评估结果不被重视，也就导致了难以将评估结果有效地运用到责任追究过程中。

(二) 完善公共政策评估的政策建议

1. 提高政策评估的认识，明确评估主体与对象

近年来公共政策评估在我国有了较大发展，但由于缺乏系统、科学、完整的政策评估，公共政策评估所带来的政策改进空间尚未引起政府管理者的足够重视。一些部门在制定公共政策评估指标时，将政策的制定和执行作为公共管理的一项要素，但没有将政策评估的指标体系细化和量化作为工作重点。因此，加强公共政策评估首先要提高思想认识。充分认识公共政策评估对于政府绩效的重要性，认识到这种重要性是由公共政策的性质、功能以及它与政府密不可分的联系决定的。公共政策评估是政府绩效评估的一个重要组成部分，系统化、科学化、制度化的公共政策评估，不仅反映政府制定和执行公共政策的效率、效果和公平性，还决定和影响整个政府的绩效。国外公共管理的实践证明，公共政策评估对于优化政府决策，改进政府绩效，推动政府行政改革，提高政府公共管理水平发挥了十分重要的作用。

在提高了对政策评估的认识之后，政策评估工作的第一步就是要明确评估主体与评估对象。评估主体在公共政策评估活动中有着举足轻重的地位，起着主导性的作用，决定着评估标准的制定、评估范围的大小以及评估方法的选择，最终决定着政策评估工作的成效。只有科学、合理地选择公共政策评估主体，才能保证评估结果的客观、公平、公正性。因此，

公共政策评估在确定评估主体时应该注意以下三个方面的问题：一是考虑并保证评估主体的独立性。只有确保决策评估主体的独立地位，确保评估主体与被评估决策者之间不存在特殊的利益关系，才能保证评估工作的顺利开展，保证评估结果的公平、公正。二是要考虑和避免评估主体的单一化。针对目前以政府官方为主体，并且评估主体单一化的现状，应建立多元化的政策评估主体，鼓励支持独立的第三方，如社会组织、专业研究机构、大众媒体等主体来进行评估。三是要考虑并广泛听取群众各方面意见。尤其要注重对于公共政策影响的相关利益群体的意见和建议，保障群众的参与权、知情权、表达权和监督权，从而使评估结果更具有广泛代表性。

此外，高效的政策评估还需要明确政策目标、精选评估对象。政策分析者在评估一项政策的成败之前，必先界定问题并明确公共政策期望实现和达到的目标，并在此基础上考虑如何来改善公共政策。评估者在评估政策之前，必须了解此项政策制定的初衷是为了解决什么问题，它的预期目标又是什么，否则政策评估将失去参照物，评估者将无所适从，评估的结论更谈不上针对性和有效性。因此，任何一项政策都要尽可能的明确目标。另一方面，还应精选评估对象和评估内容。理论上说任何一项政策都应得到及时全面的评估，现实中由于人力、物力、财力的有限性以及政策本身的因素，不是每一项政策都可以得到评估。因此，评估者必须审慎、精选评估对象。选定评估项目和评估对象后，还需要考虑评估内容的完备性，对于政策评估既要考虑其经济效益，更需要注重其社会效益。

2. 引入科学合理的方法，选取切实可行的指标

我国公共政策评估方法的运用与发达国家相比，还存在着较大的差距，其中一个突出表现就是“经验推理多，实证研究少，定性分析多，定量评估少”。由于长期以来对定量分析方法的忽视，使得评估实践中对定量方法的运用极为欠缺，这在很大程度上影响了评估的信度和效度。针对这种状况，当前特别需要加强定量分析方法和技术在评估中的运用，将定量分析与定性分析相结合。但需要指出的是，定量分析方法固然重要，但矫枉过正绝不可取。如果将定量分析的方法当作目的，更是本末倒置。因此，对两者的任何偏废都是不科学的，两者的有机结合才是努力的方向。总之，各种评估方法和技术各有长短，适用范围各不相同，评估者应当根据评估对象的具体情况，选择适当的方法和技术，并在实践中科学地加以运用，以提高评估的针对性、有效性。

公共政策评估指标是衡量公共政策的利弊优劣的指标或准则，它直接决定着公共政策评估的方向和结果是否正确、是否科学、是否符合实际。缺乏一套统一、规范的公共政策评估标准，已经成为制约我国公共政策评估发展的瓶颈之一。因此，公共政策评估标准建设具有十分重要的意义。在汇总归纳国内外学者代表性观点的基础上，可以按照“政策制定—政策执行—政策效果”的政策过程，建立一个全过程的评估标准

框架（见表3.4）。

表3.4 公共政策全过程评估标准

政策过程	评估标准		备注
	共性标准	个性标准	
政策制定 政策执行 政策结果	科学性 公平性 可操作性	合理性 可行性 投入工作量 执行力 回应性 充分性 影响力 效果 效率	政策目标设置是否合理 政策内容可行性（是否与其他政策冲突） 政策实施可行性（政治、经济、技术） 保障政策执行需要的人、财、物 机构的人员安排和工作机制 政策目标群体的反馈和回应 政策是否充分得到执行 社会公众的政策认知和政策社会影响 政策目标实现程度，目标群体满意度 政策投入产出比

3. 收集及时有效的信息，坚持独立客观的评价

公共政策评估过程中存在着不同程度的信息不对称。有些政府部门在公共政策评估的过程中，基于安全性考虑不愿意提供最新最全的数据，有些部门基于自身的利益而提供有利于“好”的评估结果的信息。这些情况的客观存在，使得公共政策评估结果不够准确，在评估后的政策完善过程中难以发挥作用。因此，完善公共政策评估必须建立畅通的信息收集机制。鼓励各级政府和决策机构将除了法律应予保密的信息之外，其他一切有关政策制定的背景、执行状况、评估结论等情况，通过公告、网络等各种形式及时向社会传播，增强政策过程的透明度。这不仅有利于降低评估成本，同时也有利于评估结论的传播，便于及时了解政策执行的反馈效果。对于公

众来说，还可以借助信息渠道，发表自己对有关政策执行的意见和建议，以促进决策和执行的民主化。

为了保证公共政策评估的客观性和公正性，政策评估组织需要具备相对独立的地位，坚持独立客观的评估。我国公共行政的显著特征是决策的双轨结构功能系统，即从中央到地方的各级党委和各级政府两个系统。在这两个系统内部均设有相关的政策评估组织，但由于政策评估组织与本级党委和政府具有上下级领导关系，政府系统内部的政策评估客观性和有效性大打折扣。因此，为了提高公共政策评估的效率，一方面在人事任免权、财政权方面要给予评估部门更多的自主性，使其能够在相对独立的氛围中进行工作；另一方面要鼓励发展政策评估的社会组织，并使之逐渐成为政策评估的重点。

当前，应从以下方面入手扶持第三方评估的发展：

（1）推进政府信息公开。真实、有效、及时的评估信息，是保持评估科学性、有效性的关键。行政机关应按照政府信息公开的有关规定，为社会和第三方评估组织提供准确、真实的信息。

（2）尊重和利用第三方评估成果。权力机关、行政机关应充分利用第三方评估的成果，就其中与公共利益密切相关的议题开展再评估，并采纳第三方意见，通过购买第三方评估成果，改进公共政策，推动政策发展。

（3）委托第三方进行正式评估。对专业性较强、评估方法复杂的重大政策评估领域，权力机关、行政机关应委托第三方评估组织、有关专家团队进行评估。采用政府购买服务的方式，委托社会组织进行政策绩效评估，有利于评估组织的成长。

(4) 对第三方评估给予优惠或补助。政府可直接通过相应措施扶持第三方评估组织的发展，如通过税收优惠，扶持整个评估行业的发展，通过政府资助，支持重要专项政策评估项目的开展等。

4. 完善政策评估的制度，强化政策评估的应用

公共政策评估制度化需要将评估工作当作政策过程的一部分。首先，建立评估工作制度。在政策运行过程中必须克服那种只重政策制定，忽视政策评估的错误理念。每项政策都要进行“事前、事中、事后”全过程政策评估，以确保政策的每个阶段都获得良好的效果。其次，在每项公共政策实施之前，设立一定比例的评估投入预算。政策评估是一项涉及政策全过程的复杂系统工程，要动用各种专门人才，收集大量相关信息，进行深入的分析研究，因此需要稳定的预算作为保障。最后，要重视和充分利用评估结论，消化、吸收评估成果，更好地为决策服务。只有使政策评估制度化，政策评估才能走上正常发展的轨道，从而逐渐地消除决策过程的盲目状况和主观随意性。

评估应用就是处理评估结果、撰写评估报告，并将评估报告的结论运用于改进政策实践的过程。任何评估都是一个价值识别、确认和选择的过程，政策制定和执行者与政策评估者肯定存在不同的价值判断。这就要求政策评估的结论要有一

个与政策主体、政策客体互动的过程，以发挥政策评估的诊断、监督反馈、完善和开发的作用，使评估结果更具有可信性、有效性和可接受性。而任何一项公共政策必然涉及社会资源的分配，为防止决策者随意决策，执行者滥用职权，必须通过制度将评估结论与有关人员的奖惩直接联系起来，真正实现政策过程的权、责、利相统一，使政策评估发挥其应有的作用。

在我国社会转型期，行政决策是最大量的、影响最广泛的、与公共利益最直接相关的公共政策。由于国际国内形势深刻而复杂的变化，决策的难度和风险增加了，在做出行政决策的过程中，任何一个环节出现瑕疵，都可能导致决策的失误。因此，还需要将公共政策评估与行政决策结合起来，实施行政决策失误责任追究制的目的，就是通过强化责任以减少决策失误。总之，公共政策评估发展的历史较为短暂，在我国尚处于起步阶段，需要加以建设、规范、完善和发展的地方还有很多。我们既要看到政策评估在整个政策过程中的重要意义，也要认清面临的困难和今后的发展方向。政策评估发展任重而道远，需要各级党委和政府工作人员与研究学者，共同付出长期和坚持不懈的努力。

第四章
公共政策变更与终结

通俗地讲，公共政策的变更是指公共政策部分被延续，部分被修改或者被终止；公共政策的终结是指公共政策完全被终止或者被全新的公共政策所替代。从本质上讲，公共政策的变更与公共政策的终结都是政策决策者对于不合时宜的公共政策的一种处置。从过程的角度来看，公共政策的变更与公共政策的终结无论是决策过程还是博弈过程，都是高度一致的；从结果的角度看，任何程度的公共政策的变更都可以被视为一定程度或范围内的公共政策终结，即公共政策的变更可以被视为公共政策的部分终结。本章的主要任务是从过程的视角对公共政策的变更与终结作出分析，正是基于公共政策变更与公共政策终结在过程上的一致性，本章的论述没有刻意将公共政策变更与公共政策终结区分开来。

一、认识公共政策变更与终结

（一）主要学者眼中的公共政策变更与终结

用简洁的话语描述公共政策的变更与终结的本质属性和一般性特征的努力，始于西方学者。

哈罗德·D.拉斯韦尔最早提出了政策终结的概念，他认为政策终结是废止有关方案，并妥善处理方案有效时的支持者和方案终止时的利益受损者的价值诉求的行为。政策终结的行为包括两部分：一是对政策所规定的方案的废除，二是对政策所涉及的利益主体的价值诉求进行有效的回应，通常是对利益受损者进行一定的补偿。

布鲁尔（Brewer）在论述政策过程的阶段时指出，公共政策的变更与终结是政府对那些已经存在功能障碍的、过时的、多余的政策和项目的调整，调整的具体方式则表现为完全或部分地废除，或者终止特定的政策和项目。

巴尔达克（E.Bardach）把公共政策的变更与终结视作一种政治过程，即政府终止那些无效的、过时的公共政策、项目和机构的行动。他认为政策终结实质上是政策选择过程的一种特殊情况，即接受政策A，实质上就意味着政策B的变更或终结。因为政策的变更与终结通常是指由特定的一系列预期、规则和实践取代，或者部分取代另一套预期、规则和实践的过程。

德利翁(Peter DeLeon)认为,公共政策的变更与终结是在谨慎的考量之后,将某项特定的政府功能、项目、政策或组织予以终结或中止。他提出,政策终结的具体实施通常具有一定的自由裁量度,因而并非所有的政策终结都是绝对的终结某项政策或项目,而存在部分终结的情况,即为使相关部门的功能、项目、政策和机构能继续存在,政府对其采取重新定位的行为。

丹尼尔斯(M.R.Daniels)指出,政策的变更与终结既包括有计划地终止或调整相关政府组织和政策,也包括组织为削减预算对自身做出调适或政府服务民营化而产生的机构削减。

随着政策变更与终结的研究在西方不断深入,我国的学者也开始关注这一议题,对于公共政策的变更与终结的定义主要有如下代表性观点:

林水波等认为,公共政策的变更与终结意味着一套期望、规则和惯例的终止,政策活动的停止,机关组织的裁撤,同时它也意味着新期望的提出,新规则、惯例的建立,崭新活动的展开,机关组织的更新与发展。

陈振明指出,公共政策的变更或终结是指政策决策者通过对政策或项目进行慎重的评估后,采取必要的措施,以中止那些过时的、多余的、不必要的或无效的政策或项目的一种政治(或政策)行为。

张康之等认为,公共政策的变更与终结意味着被变更或者被终结的政策终止使用,有新的政策被制定出来,这可以看作是新旧政策的更替。即使当政策终结时没有新的政策被制定出来，或者说不需要有新的政策出台，终结一项政策只是为了防止或消除这项政策的副作用，也只是在表面看来政策终结是政策的终止，而在实际上，仍是“新政策”在发挥作用。因为政策终结本身就是一项新政策，政策终结行动意味着一项新政策的实施。因此，一切政策变更与终结的过程都是新旧政策的更替过程，是旧政策的结束和新政策的开始。

（二）公共政策变更与终结是一个废旧立新的过程

通常认为，完整的公共政策过程包含公共政策的制定、公共政策的执行、公共政策的评估和公共政策的变更与终结等四个相互关联的环节。从政策循环过程来看，公共政策的变更与终结既是特定政策子循环过程的终点，又是下一个政策子循环过程的起点。公共政策变更与终结的对象是不符合时代发展要求的公共政策、已经结束历史使命的公共政策、公共性衰减或缺失的公共政策、低效或者无效的公共政策。进而为创立新的符合时代要求的、代表公共性的、高效的公共政策提供推力和空间。公共政策的变更与终结对于处在财政力量有限而社会对公共服务的需求日益增长之情势下的政府，显得尤为重要，因为只有变更或终结低效率的公共政策项目，才能将有限的资源转移到更高效率的公共政策项目上去。公共政策的变更与终结是政策循环过程中的一个必要部分，是处于政策评估之后，并且以政策评估为指导的政策环节，同时也会触发新的公共政策的制定行为。

(三) 公共政策变更与终结的诱发因素具有系统性

公共政策变更与终结的诱发因素具有系统性，即导致公共政策变更与终结的因素非常广泛，并且相互影响。众多诱发公共政策变更与终结的因素大致可以分为三大类：

第一类是公共政策自身的绩效。简单来讲，如果旨在解决特定社会问题的公共政策没有发挥作用，甚至导致问题更为严重，那么该政策就必须发生变更或者被终结；从另一个角度来讲，如果某项公共政策旨在解决的问题得到了很好的解决，那么这项公共政策也就没有继续存在的必要，也面临着变更与终结。

第二类是财政因素。任何公共政策的实施都必须以一定的财政资源为基础，当出现大规模的财政缩减时，决策者必然会变更或终结部分公共政策，以缓和财政紧张的问题。

第三类是政治意识形态因素。政治意识形态的变迁通常要通过颁布新的公共政策、设置新的政府组织来实现，而这通常需要变更或终结一些旧的公共政策和政府组织，以为新的公共政策和政府组织提供空间。

公共政策自身的绩效、政府的财政状况和政治意识形态是相互影响、共同作用的。公共政策的绩效既会深刻影响政府的财政状况，也会强化或者动摇特定的政治意识形态；政府的财政状况既是公共政策实施的基础，也是政治意识形态的支撑；政治意识形态为公共政策提供宏观环境，同时也在宏观上影响着政府财政制度的设计。任何一项公共政策的变更与终结，都会在不同程度上同时受到上述三类影响因素的推动作用。

（四）公共政策变更与终结的主体具有多元性

简单来讲，公共政策变更与终结的主体可以分为两大类：第一类是公共政策变更与终结的支持者；第二类是公共政策变更与终结的反对者。无论是公共政策变更与终结的支持者还是反对者，都不是由单一群体组成，而是由具有不同利益诉求的多元主体构成。公共政策变更与终结的支持者既可能是政策实施过程中的利益受损者，他们为了结束自己的利益受损状态而支持政策的变更与终结；公共政策变更与终结的支持者也可能是某些信念的主张者，他们认为特定的公共政策违背了他们所坚持的信念和价值，而支持公共政策的变更与终结；公共政策变更与终结的支持者还可能是政治改革者，他们为了促进新的公共政策的创立而主张变更与终结旧的公共政策。同时，不同情形下的政策变更与终结的支持者之间具有密切的联结性，他们不仅彼此支持，有时候还会出现身份叠加。公共政策变更与终结的反对者可能是特定政策实施的受益者，他们因为不愿意失去既有利益而反对公共政策的变更与终结；公共政策变更与终结的反对者也可能是政策的制定者，他们因为不愿意承认自身的决策失误而反对公共政策的变更与终结；公共政策变更与终结的反对者还可能是风格保守的决策者，他们往往回避政策变革。

（五）公共政策变更与终结的过程具有持续性

公共政策的变更与终结并非一个转瞬即逝的骤然动作，而是包含了审慎的考量和具体的执行等丰富的程序性过程。通常一项政策的变更与终结，首先始于对该项政策的评估，也就是对政策的考量过程。在考量过程中发现的公共政策功能障碍会成为公共政策变更与终结的直接诱发因素，但这又不必然会导致公共政策的最后终结，因为公共政策变更与终结的过程既是多元相关主体间的复合博弈过程，又是一个包含从决定到执行等紧密联系的持续的、多元的程序过程。而无论是从公共政策变更与终结的酝酿到执行，还是从公共政策变更与终结的启动到结束都是一个持续性过程。

（六）公共政策变更与终结的表现形态具有多样性

公共政策的变更与终结作为政策循环过程中的重要环节，其表现形态会在政策变更与终结的内容广泛程度和过程剧烈程度两个方面呈现出多样性。政策变更与终结内容的广泛程度的多样性体现为：有的政策变更与终结只涉及政策文本的变更与废止；有的政策的变更与终结不仅涉及政策文本的变更与废止，还涉及与之相关项目的变更与终止，甚至涉及相关组织的调整与裁撤。政策变更与终结过程之剧烈程度的多样性表现为：有时政策变更与终结的发生是爆发式的，即以极快的速度实现某项政策的突然变更或者全面终结；有时政策变更与终结的发生是渐进性的，即整个政策变更与终结的过程推进较为缓慢，且在政策文本变更与废除、项目调整与终止和组织重组或裁撤等具体操作中讲究循序渐进，逐步推进。

二、 公共政策变更与终结的模型

对公共政策变更与终结的模型的阐述既有利于对政策变更与终结过程形成结构化的认知、加深对政策变更与终结过程的理解，也有利于对政策变更与终结过程的逻辑形成可视化的概括、指导对政策的变更与终结过程的操作。 因此，有关公共政策变更与终结模型的研究吸引了学术界广泛的思考和努力，并形成了一些典型模型。 本节重点介绍公共政策变更与终结的决策过程模型和公共政策变更与终结的博弈过程模型。

（一）决策过程模型

公共政策变更与终结的决策过程模型是由伊丽莎白 · A.格雷迪(Elizabeth A.Grady)和科 · 叶(Ke Ye)基于对美国加利福尼亚州 1981—1995 年间的公共医院政策的考察而提出来的，该模型把政策变更与终结的决策过程分为两个阶段：其一为政策变更与终结的诱发阶段；其二为政策变更与终结的博弈阶段。 在政策变更与终结的诱发阶段，政府财政紧张、政策被感知到失败或者政治意识形态变迁等因素，诱发人们思考某一项政策的存续问题。 当政策的存续问题引起了决策者的关注与思考，即进入了政策变更与终结的第二阶段，即博弈阶段。在政策变更与终结的博弈阶段，各种因素共同作用、相互博弈，最后综合决定政策是否被变更与终结。

如图 4.1 所示，格雷迪和科 · 叶的政策变更与终结的决策过程模型归纳了在诱发阶段和博弈阶段影响政策变更与终结进程的多种影响因素。在诱发阶段，财政问题、政策失败和政治意识形态变迁中的一项或者多项会引发人们对政策的反思。财政问题关系到政策运行的资源状况，政府财政紧缩会促使人们精简项目，从而考虑某些政策的变更与终结问题。政策失败问题是政策运行绩效的反馈，当政策运行的绩效低下或者政策运行的结果与政策目标背道而驰时，人们必然会反思政策的存续问题。政治意识形态问题关系到政策运行的宏观环境，当发生大规模的政治体制改革时，必然会要求对现行的政策进行梳理，从而引发对某些公共政策的存续问题的思考。

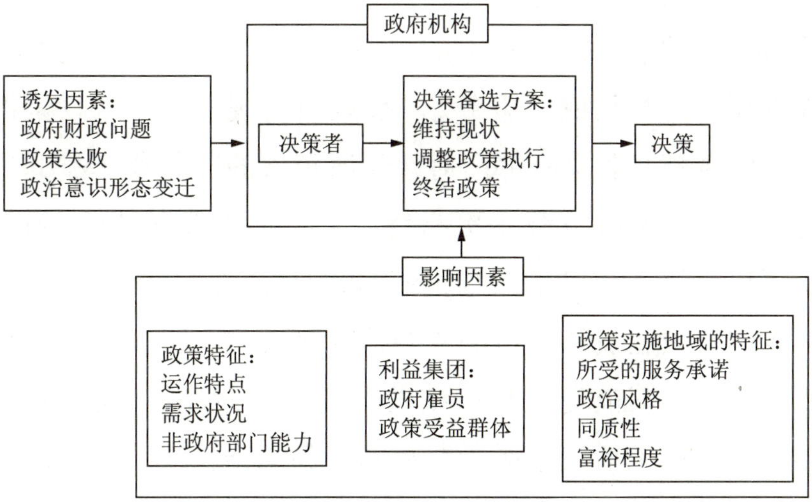

图 4.1　公共政策终结的决策过程模型[①]

① Elizabeth A.Grady and Ke Ye. When do We "Just Say No"? Policy Termination Decisions in Local Hospital Services. *The Plicy Studies Journal*, Vol.36, No.2, 2008. pp.219—242.

当然，所有可能诱发政策变更与终结的因素，并非必然导致政策变更与终结行为的发生，而只是推动决策者开启了一个讨论政策变更与终结的决策过程，此时决策者所面临的是一个包含维持政策现状、调整政策执行与调整政策和终结政策的决策全集。决策过程开启之后，决策者会权衡诸多影响因素，最后的决策结果是决策者对诸多影响因素相互博弈结果的回应与确认。

在格雷迪和科·叶的政策变更与终结决策过程模型中，影响政策变更与终结的诸多因素被归纳为三个方面：一是政策本身的特征；二是与政策相关的利益集团特征；三是政策实施地域的相关特征。政策本身的特征主要包括政策运作的特点、政策被需求的程度以及政策的可替代性（非政府部门是否有能力提供相同的产品或者服务）。政策项目规模越大、政策被需求的程度越高、非政府部门对政策所包含的服务和产品的生产能力越弱，则该政策被变更与终结的可能性就越小。利益集团主要包含执行政策的政府雇员和政策的受益群体。执行政策项目的政府雇员和政策的受益群体规模越大、成员间组织越紧密，则该政策被变更与终结的可能性就越小。政策实施地域的相关特征包括该地域所获得的服务承诺、该地域的政治风格以及该地域的同质程度和富裕程度。政策实施地域所受到的服务承诺越大、政治风气越保守、居民的同质性程度越高、地域越富裕，该政策被变更与终结的可能性越小。决策诱发阶段和博弈阶段各个影响因素可能对政策变更与终结产生的影响，详见表 4.1①。

表 4.1　政策变更与终结的影响因素

决策阶段	影响因素		影响效果
诱发阶段	政府财政问题		政府财政规模缩减越厉害，引发政策变更与终结的可能性越大
	政策失败		公共政策项目的效率越低下，政策被变更与终结的可能性越大
	政治意识形态变迁		政治领导人精简政府的愿望越强烈，引发政策变更与终结的可能性越大
博弈阶段	政策特征	运作特点	政策项目规模越大，则该政策变更与终结的可能性越小
		需求状况	政策被需求的程度越高，其变更与终结的可能性越小
		非政府部门能力	非政府部门对政策项目内容的生产能力越弱，则该政策变更与终结的可能性越小
	利益集团	政府雇员	执行政策项目的政府雇员规模越大、组织越紧密，则该政策变更与终结的可能性越小
		政策受益群体	政策项目的受益群体规模越大、组织越紧密，则该政策变更与终结的可能性越小
	地域特征	服务承诺	政策实施地域所受政府服务承诺越大，政策变更与终结的可能性越小
		政治风格	政策实施地域政治风气越保守，政策变更与终结的可能性越小
		同质性	政策实施地域居民的同质性程度越高，政策变更与终结可能性越小
		富裕程度	政策实施地域越富裕，政策被终结的可能性越小

① 作者整理。参考资料为 Elizabeth A. Grady and Ke Ye. When do We "Just Say No"? Policy Termination Decisions in Local Hospital Services. *The Plicy Studies Journal*, Vol.36, No.2, 2008. pp.219—242。

(二) 博弈过程模型

公共政策变更与终结博弈过程模型(见图 4.2[①])是由柯柯帕特里克(Kirkpatrick, S.E.)、莱斯特(Lester, J.P.)和彼得森(Peterson, M.R.)提出的。该模型将一项政策的终结视为主要是政策的内在特征、政治环境和阻碍因素三方面因素相互博弈、共同作用的结果,上述三方面因素共同决定了公共政策是否会变更与终结,以及如何变更与终结。

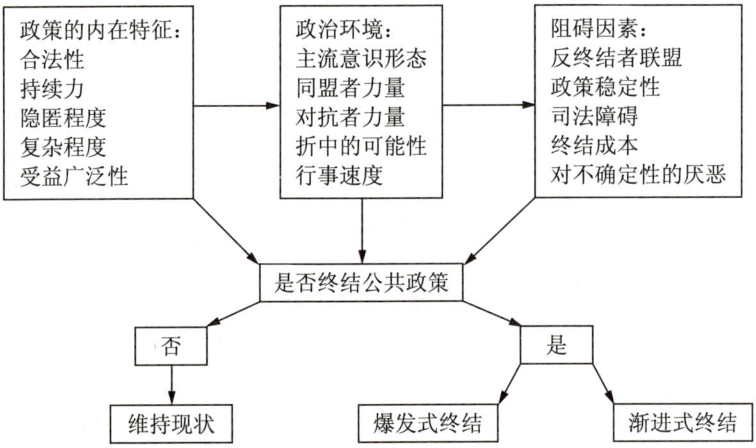

图 4.2 政策终结博弈过程模型

1. 政策的内在特征

影响政策变更与终结的政策内在特征包括政策的合法性、持续力、隐匿程度、复杂程度和受益的广泛程度。政策的合法性是指政策或组织的使命被公众和领导人认可的程度。政

① Kirkpatrick, S.E.; Lester, J.P.; Peterson, M.R. The Policy Termination Pro-cess: A Conceptual Framework and Application to Revenue Sharing. Pol. Stud. Rev. 1999, 16(1, Spring), pp.209—236.

策的持续力体现为政策执行组织的成熟度，越成熟的组织越不容易被调整与终结。政策的隐匿程度对政策变更与终结的影响，在于越是隐匿的政策越不容易变更与终结。政策复杂程度是指政策所应对的事务的复杂程度。政策及其组织越是抽象，其所应对和处理的事务越难被大众所理解，那么该政策变更与终结的可能性就越小。政策的受益广泛性是指从政策或项目获益的人口规模，政策的受益主体越广泛，政策变更与终结的可能性就越小。

2. 政治环境

影响政策变更与终结的政治环境主要包括主流意识形态、同盟者力量、中间派力量、折中的可能性和行事速度。主流意识形态是指随着政治领导变迁而变化的主要政治理念，主流意识形态与政策（项目）的契合程度越高，则该项目被变更与终结的可能性就越小。同盟者力量包含主张或支持政策变更与终结的人员规模、意志强度和持久性等因素，同盟者力量越强大，该政策被变更与终结的可能性就越大。中间派力量是那些既可能主张或支持政策变更与终结，也可能阻碍或反对政策变更与终结的群体力量，中间派力量对政策变更与终结与否的影响，取决于政策变更与终结的主张者和政策变更与终结反对者之间的博弈结果。折中的可能性是指找到避免政策变更与终结的方案的可能性，这种可能性越大，政策变更与终结的可能性就越小。行事速度是指政策变更与终结行动者的办事速度，通常成功的政策变更与终结需要快速行动，以走在反变更与终结力量的前面。

3. 阻碍因素

阻碍政策变更与终结的因素主要包括反终结者联盟、政策的稳定性、司法障碍、政策变更与终结的成本和对不确定性的厌恶。反终结者联盟即指广泛的反对政策变更与终结者的集合力量，反终结者联盟力量越强大，政策变更与终结的可能性越小。政策稳定性是指政策或组织改变环境以维持自身存续的能力，政策的稳定性越强，政策变更与终结的可能性越小。司法障碍是指政策变更与终结可能遇到的司法程序上的障碍，司法障碍越明显，政策变更与终结的可能性越小。政策变更与终结成本包含两个方面，一是启动政策变更与终结程序所需要的成本，二是政策执行已经产生的沉没成本，政策变更与终结的成本越大，政策变更与终结的可能性越小。对不确定性的厌恶是指行政领导者或者政治领导人对政策变更与终结后的各种不确定后果的担忧，决策者对不确定性的厌恶程度越高，政策变更与终结的可能性越小。

三、公共政策变更与终结的障碍和策略

（一）主要障碍

尽管公共政策变更与终结的本质是一种具有积极意义的除旧立新的行为，但是现实中的人们却有将公共政策变更与终结

视为一种消极现象的倾向，从而使公共政策变更与终结行为往往会遇到比公共政策制定更为复杂多样的阻力和障碍；另外，公共政策的变更与终结总是会直接或间接的损害相关主体的利益，从而招致他们的反对和阻挠。

1. 利益相关主体思想上的抵制

从思想上抵制公共政策变更与终结的行为主体主要有三类人群：第一类是公共政策的制定者；第二类是公共政策的执行者；第三类是公共政策的受益者。

（1）对政策制定者而言，公共政策的变更与终结意味着该项公共政策已经（至少在一定程度上）不再能适应现实发展的需要，（至少在一定程度上）不再能有效解决对应的社会问题，这似乎是对政策制定者过去所做的决策的科学性的否定，而没有人会乐意承认自身过去的错误，因而会在思想上对公共政策变更与终结产生抵制。

（2）对于政策执行者而言，一项公共政策的变更与终结意味着政策执行机构的存在受到威胁，与此政策相关的组织存在的基础也会被动摇，这可能进一步意味着政策执行者在执行政策的过程中所累积的工作成绩，将不再具有意义。因此，政策执行者通常也会抵制公共政策的变更与终结，只有在某项公共政策执行难度非常大时才会有例外。

（3）对于公共政策受益者而言，公共政策的变更与终结意味着曾经对其利益构成保护或者促进的政策取向将不再继续，他将直接面临利益受损或者重新面临利益受损的风险，因此，其思想上一定会对公共政策的变更与终结产生抵制。

2. 利益相关主体行为上的阻挠

存在于利益相关主体思想中的抵制情绪，通常会进一步引导他们采取一系列阻挠公共政策变更与终结的行为，其目的在于为公共政策的存续辩驳并创造现实条件。

（1）他们会对公共政策的形象进行升华，会对公共政策的崇高使命和目标进行宣传，会对公共政策的重要性以及变更与终结政策即将引发的后果的严重性进行强调，从而向主张和推进政策变更与终结的行动者施加压力和影响，以阻止公共政策变更与终结的进程。

（2）他们会通过改善公共政策执行方式、提升公共政策效率等方式，应对引发公共政策变更与终结的各种问题。

（3）他们会对公共政策的目标进行修整，或者为公共政策的执行新增附加功能，以消除公共政策不能达成既定目标，或者因已经完成既定目标之后不再具有存续需要的情形，以保持公共政策继续存在的合法性。

（4）他们会在不同的政策执行辖区间寻求联盟，从而扩大抵制公共政策变更与终结的辖区范围，以增强对公共政策变更与终结的抵制力量。

（5）他们可能通过制定新的相关政策，以与原来的公共政策形成政策体系，通过在政策体系内的不同政策之间形成相互补充或支持，从而导致终结其中的某项政策就会对体系内的其他政策产生关联影响，以提高政策变更与终结的成本或者代价，最终形成政策变更与终结的抵制力量。对于任何一项具体的公共政策变更与终结抵制行为而言，抵制者既可以采取上述各种策略中的一种，也可能同时综合采用多种策略行为。

3. 公共政策运行的惯性

公共政策运行的惯性主要表现为负责执行公共政策的组织的惯性，它是组织维持现状的趋势和对变化的抵制，通常组织惯性会随着组织的年龄增长而增强。因此，随着公共政策执行进程的推进，负责执行公共政策的组织维持现状和抵制变化的趋势会越来越强。而公共政策的变更与终结必然带来负责执行公共政策的组织的变革，该组织对于变革的抵制客观上就成了公共政策变更与终结的障碍。随着时间的推移，负责执行公共政策的组织会不断积累组织资源，当组织拥有较为丰富的资源时，就可以有效缓冲外部环境变化对组织造成的冲击。当负责执行公共政策的组织面临公共政策变更与终结对组织构成的威胁时，就一定会利用其所掌握的资源为自己争取存续的空间，从而阻止公共政策的变更与终结。

（二）具体策略

尽管公共政策的变更与终结总是会受到诸多阻挠，公共政策所承担的解决社会问题的使命以及社会问题的动态性，使得公共政策变更与终结是客观而必然的。因此，相关的政策行动者一定会对阻碍公共政策变更与终结的力量进行回应，通过采取相应的策略来推动公共政策的变更与终结。

1. 积极宣扬变更与终结公共政策的意义

与政策变更与终结的抵制者会竭力为政策的存续而辩驳相类似，推进政策变更与终结的行动者也需要对公共政策变更与终结的积极意义进行宣扬。要使人们尤其是公共政策变更与终结的抵制者意识到，公共政策的变更与终结是公共政策动态变迁以适应社会动态发展的客观需要，是一种破旧立新的积极的进步的政策过程，而不是对过去决策行为的否定或者批判。在树立公共政策变更与终结积极意义的同时，也可以借助公共政策评估全面揭示拟要被变更与终结的公共政策的危害性。一旦某项公共政策能被清晰的说明其危害性，那么政策行动者就会意识到政策变更与终结的必要性，从而形成推动公共政策变更与终结的主体力量。

2. 充分发挥公共政策评估的推力

从政策过程来看，公共政策变更与终结是以公共政策评估为前提和基础的。在实践中，政策变更与终结者也通常会利用公共政策评估作为公共政策变更与终结的助推器。为了推进公共政策的终结，行动者通常会利用公共政策评估来证明现有公共政策的危害性，一旦某项公共政策被证明是有害的，就能使人们意识到变更与终结政策的必要性，从而获得政策变更与终结的正当性和舆论支持。

3. 巧妙把握公共政策变更与终结的时机

公共政策都有一定的生命周期，在政策的生命周期内，有些时期开启了政策变更与终结的“时间窗口”，在此期间推进公共政策的终结往往比较容易，因此，巧妙地利用公共政策变更与终结的时机也是政策变更与终结者比较常用的策略。良好的时机意味着政策变更与终结触发机制的存在，这个触发机制可能是各类突发事件的发生。突发事件会对现有社会秩序和价值观念产生明显的冲突，从而引发人们对相关公共政策的思考与质疑，产生对政策作出处理的要求。这时，政策变更与终结的决策者如果能抓住契机，将与突发事件相关联的、过时的、失效的公共政策予以终结，通常能比较顺利。

4. 科学选择公共政策变更与终结的方式

公共政策变更与终结可以根据终结的强烈程度分为渐进式终结和爆发式终结。不同的终结方式适用于不同的公共政策变更与终结情形，合理地选择终结方式是推动公共政策变更与终结过程顺利进行的关键。一般来说，当公共政策变更与终结的预期持续强度相对集中时，适合采用爆发式终结方式；而当政策变更与终结的持续强度相对分散时，适合采用渐进式终结方式。

5. 适度补偿利益受损者

为了推进公共政策变更与终结的顺利进行，政策变更与终结者会通过为利益受损者提供相应的利益补偿机制来化解公共政策变更与终结的阻力。对政策变更与终结者而言，政策变更与终结的启动在短期内要承担较大的成本，但是从长远来看，是有明显效益的。而对于政策的既得利益者而言，公共政策变更与终结必然会对其造成不同程度的利益损失。因此，政策变更与终结者会尽可能的为利益受损者提供经济补偿，以缓解甚至消除他们对公共政策变更与终结的阻挠。

四、当代中国公共政策变更与终结的典型类型

当代中国公共政策变更与终结的实践主要受到两方面因素的推动，一是政策决策主体政治价值和意识形态的变迁，二是政策运行实际效果的反馈。在政治价值和意识形态变迁方面，公共政策作为政治价值和意识形态的表达形式与实施载体必然会在其变迁中经历破立存亡。为了确保公共政策与当时的政治价值和意识形态相一致，政策决策者一方面会依靠体制权威对公共政策作出清理，一方面会颁发新的法律法规，并将与新颁发的法律法规相抵触的公共政策作出清理。在政策运行实际效果反馈方面，公共政策变更与终结通常被当作应对公共政策运行导致的社会危机事件的最为直接的手段之一，反过来，公共政策运行导致的社会危机即成为公共政策变更与终结的驱动力之一。依据上述不同方面的驱动因素，当代中国公共政策变更与终结主要有以下三种类型，即体制权威驱动型公共政策变更与终结、法律适用驱动型公共政策变更与终结、危机事件驱动型公共政策变更与终结。

（一）体制权威驱动型

所谓体制权威驱动型公共政策变更与终结是指为了实现特

定的政治价值或目标，由最高国家权力机关即全国人民代表大会和最高国家行政机关即国务院集中发起、统一部署、由上往下层层推进的公共政策变更与终结行为。其最突出的表现形式则是阶段性的对公共政策做集中清理。例如，为了实现党的十五大提出的“到2010年形成中国特色社会主义法律体系”的目标，全国人大、国务院以及各地方政府在2007—2010年间发起了若干次公共政策的集中清理工作。

1. 2007年国务院发起行政法规规章集中清理

2007年，国务院办公厅颁发了《国务院办公厅关于开展行政法规规章清理工作的通知》(国办发〔2007〕12号)，以“更好地适应加快建设法治政府、全面推进依法行政的要求”为目标，对行政法规和规章进行了一次全面清理。清理的范围涉及当时所有的现行行政法规，国务院各部门制定的现行规章，以及省、自治区、直辖市和较大的市的人民政府制定的现行规章。行政法规清理工作的具体开展由国务院法制办承办，要求“行政法规的主要内容已被新的法律、行政法规所代替的，要明令废止；行政法规适用期已过或者调整对象已消失，实际上已经失效的，要宣布失效；行政法规与法律不一致的，要予以修改”。在规章清理方面，各省、自治区、直辖市和较大的市的人民政府，国务院各部门分别负责清理本级人民政府、本部门制定的规章，要求“规章主要内容与法律、行政法规相抵触的，或者已被新的法律、行政法规、规章所代替的，要明令废止；规章适用期已过或者调整对象已消失，实际上已经失效的，要宣布失效；规章个别条款与法律、行政法规不一致的，要予以修改；在规章清理中发现部门规章与地方政府规章对同一事项的规定不一致的，要将处理建议送国务院法制办研究处理”。该通知明确要求行政法规和规章清理工作要在2007年10月底前完成。

2. 2009年全国人大常委会发起地方性法规集中清理

2009年11月，全国人大常委会法制工作委员会下发了《关于做好地方性法规清理工作的意见》（法工委发〔2009〕70号），部署在全国开展地方性法规的清理工作。要求各省、自治区、直辖市和较大的市人大常委会“围绕确保到2010年形成中国特色社会主义法律体系的要求，通过对现行地方性法规进行一次全面清理，找出存在的明显不适应、不一致、不协调的突出问题，根据不同情况，区别轻重缓急，分类进行处理，保证国家社会主义法制的统一，更好地发挥地方性法规在地方经济建设、政治建设、文化建设、社会建设和生态文明建设中的规范、引导和保障作用”。这次地方性法规的清理范围是现行全部地方性法规，重点是20世纪90年代以前制定且没有作过系统修改的地方性法规，着重解决法规和法规之间存在的明显不适应、不一致、不协调的突出问题。

本次地方性法规清理主要围绕以下四类问题进行梳理和研究：一是地方性法规或法规规定已经明显不适应国家确定的区域发展战略和本地区经济社会发展特别是社会主义市场经济发展需要的；二是地方性法律或法规规定与宪法、法律和行政法规不一致的；三是地方性法规之间明显不协调的；四是地方性法规操作性不强，需要也有条件加以细化的。各地方在清理工作中发现还有其他问题的，可以一并予以梳理和研究。

清理工作由人大法制委员会和常委会法制工作机构牵头，同时充分发挥人大其他专门委员会、常委会其他工作机构、同级政府、人民法院、人民检察院、下级人大及其常委会、各级人大代表的作用。清理工作的具体组织实施由常委会主任会议或者主要领导同志加强领导和督促，并确定一位负责同志负总责。

《关于做好地方性法规清理工作的意见》（法工委发〔2009〕70号）要求地方性法规清理工作在2010年6月底前取得阶段性成果，提出阶段性工作报告，对需要废止、修改或者作出其他处理的，提出处理意见。原则上要在2010年年底前完成修改和废止的立法程序；其他需要修改的，可以列入立法规划或者年度立法工作计划，适时加以修改。清理工作完成后，各地方人大常委会应在2010年12月底以前，将清理情况上报全国人大常委会法工委。

3. 2010年国务院发起的规章集中清理

2010年国务院办公厅发布了《国务院办公厅关于做好规章清理工作有关问题的通知》（国办发〔2010〕28号），要求各省、自治区、直辖市人民政府，国务院各部委、各直属机构、各省、自治区、直辖市和较大的市人民政府、国务院各部门集中清理各自制定的现行有效的全部规章。本次规章的集中清理任务是查找出现行规章中存在的明显不适应、不一致、不协调的突出问题，根据不同情况，区别轻重缓急，分类进行处理，保证国家社会主义法制的统一和中国特色社会主义法律体系的科学统一和谐，更好地服务于我国经济社会的发展。规章清理工作主要是围绕以下三类问题对规章进行研究梳理，分别作出废止、宣布失效或者修改等处理：一是规章已经明显不适应经济社会发展要求的；二是规章与上位法的规定不一致的；三是规章之间明显不协调的。各地方、各部门在清理工作中发现规章还有其他问题的，也可以一并予以处理。各地方、各部门的规章集中清理工作原则上要在2010年12月1日前完成。

4. 地方政府发起的法律法规的集中清理：以上海为例

为了响应《国务院办公厅关于做好规章清理工作有关问题的通知》（国办发〔2010〕28号）的相关要求，各地方政府也部署了本级政府层面的规章、规范性文件清理工作。以上海市为例，上海市人民政府办公厅颁发了《上海市人民政府办公厅关于做好本市规章、规范性文件清理工作的通知》（沪府办发〔2010〕23号），各区县政府、市政府各部门、各有关单位要对所有现行有效的市政府规章进行一次集中清理，查找并切实解决规章中存在的明显不一致、不适应、不协调的问题，特别是与上位法不一致的问题。规章的清理按照“谁起草、谁清理”的原则，各区县政府、市政府各部门、各有关单位负责对由其起草的市政府规章提出清理意见。一件市政府规章由多个部门共同负责实施的，相关部门也可以提出清理意见。规章清理的重点主要涉及三个方面：一是规章与上位法的规定存在不一致的情况；二是规章已经明显不适应经济社会发展要求的情况；三是规章之间存在明显不协调的情况。规章集中清理要求在2010年12月1日前完成。

在开展规章集中清理的同时，上海同时开展了现行有效的规范性文件的清理。同样是根据“谁制定、谁清理”的原则，按照下列规定确定清理责任主体：第一，市和区县政府及其办公厅（室）的文件，由起草机关或者实施机关提出清理建议；市和区县政府办公厅（室）也可根据实际情况，指定具体单位提出清理建议。清理建议由市和区县政府法制办会同市和区县政府办公厅（室）、起草机关或者实施机关、有关指定单位等统筹研究形成统一意见后报市和区县政府决定。第二，市和区县政府委办局、乡镇政府的文件，由制定机关自行清理；制定机关撤并的，由承接其职能的主体负责清理；市政府委办局下属机构制定的文件，由市政府委办局负责清理。第三，市政府派出机构以及法律、法规授权组织等其他主体制定的文件，由制定主体负责清理。上述主体对规范性文件从合法性、合理性、协调性和可操作性等多个方面进行全面清理。对不符合上位法的有关规定或者依据缺失，不适应经济社会发展要求（如含有加重企业负担、地方保护、行业保护等方面内容），与其他法律规范不协调以及实际操作性不强的规范性文件，按照下列要求处理：第一，文件调整对象已经消失或者实际上已经失效的，应当宣布失效；第二，文件主要内容与上位法律规定相抵触或者被新的上位法代替的，应当决定废止；第三，文件个别条款与上位法不相一致，或者部分内容不适应经济社会发展要求、与其他法律规范不协调以及实际操作性不强的，应当予以修改。规范性文件清理要求在2010年11月1日前完成。

(二) 法律适用驱动型

所谓法律适用驱动型公共政策变更与终结是指在一项新的法律颁布时，为了避免新的法律与旧的法律、法规之间造成冲突，而根据新的法律规定对旧的法律、法规作出清理的行为。为了贯彻落实《中华人民共和国行政处罚法》实施的一系列规章制度的清理，可被视为法律适用驱动型公共政策变更与终结的典型案例。

1996年,《中华人民共和国行政处罚法》颁布以后，国务院发布了《国务院关于贯彻实施〈中华人民共和国行政处罚法〉的通知》(国发(1996)13号，以下简称《通知》)，要求各省、自治区、直辖市和计划单列市国有资产管理局，局内各司室等各级政府部门“抓紧做好规章和其他规范性文件的清理和修订工作”。根据《通知》的要求，各地方政府全面展开了以适用《中华人民共和国行政处罚法》为目标的系列法律法规的清理。

以江苏省为例，江苏省政府办公厅颁发了《江苏省办公厅关于清理规章和其他规范性文件的通知》(苏政办发〔1996〕

183 号)，要求“各地、各部门要从维护国家法制的统一和尊严的高度，严格按照《行政处罚法》的规定，按照谁制发、谁清理的原则，切实抓好清理规章和其他规范性文件的工作。各级政府和有关部门要加强领导，建立清理工作责任制，市、县(市、区)政府的法制工作部门和省各有关部门的法制工作机构或者办公室，应当在本级政府或者本部门的领导下，认真负责地做好这项工作。规章和其他规范性文件清理工作结束后，各设区的市人民政府和省各有关部门应当向省政府作出报告，并抄送省政府法制局。”规章清理的范围涵盖“省政府和南京、无锡、苏州、徐州四市政府制定的规章；全省各级政府和政府各部门、各直属单位制发的涉及行政处罚的其他规范性文件”；清理的内容主要包括“与《行政处罚法》规定有抵触的内容，主要是：行政处罚的设定是否违法；行政处罚的实施机关是否违法；行政处罚的程序等是否违法”等方面。

按照《行政处罚法》的规定，规章的清理工作要在 1997 年 12 月 31 日前完成。《江苏省办公厅关于清理规章和其他规范性文件的通知》明确了：省和南京、无锡、苏州、徐州四市的有关部门要在 1997 年 2 月底前，将有关规章的修订意见报送政府法制局，由政府法制局汇总进行审核，提出意见后报政府常务会议审定。其他规范性文件的清理工作也要抓紧进行，其中，违反《行政处罚法》的规定设定的行政处罚，应当由有关单位在 1996 年 10 月 1 日前宣布无效。行政处罚主体的清理，原则上也应当在 1996 年 10 月 1 日前清理、纠正完毕。规范性文件中因法规、规章的修订需要作相应清理的，在 1997 年 12 月底前完成清理任务。

（三）危机事件驱动型

所谓危机事件驱动型公共政策变更与终结是指由于公共政策执行不当或者公共政策设计缺陷所引发的危机事件发生后，作为对危机事件的处理与回应而变更与终结相应公共政策的情形。危机事件是指在社会治理过程中所发生的危及社会系统的基本结构或者基本价值规范的情形。诱发危机事件发生的原因有很多，公共政策执行不当或者公共政策设计缺陷都可能引发相应的危机事件。近年来，由于公共政策执行不当或公共政策设计缺陷引发危机事件，从而导致公共政策变更与终结的情形时有发生，其中最广为人知的莫过于三聚氰胺事件对食品质量免检制度废除的驱动。

1. 三聚氰胺事件概要

三聚氰胺事件的起因是，2008 年很多食用三鹿集团生产的奶粉的婴儿被发现患有肾结石，而后在其奶粉中检测出化工原料三聚氰胺。事件很快引起了社会的高度关注和对乳制品安全的担忧。国家质检总局随即紧急在全国开展了婴幼儿配方奶粉三聚氰胺专项检查，并于 2008 年 9 月 16 日公布了阶段性检查结果。在被检查的 109 家企业的 491 批次的产品中，有 22 家企业 69 批次产品检测出了不同含量的三聚氰胺。其中包含三鹿、伊利、蒙牛等几大知名企业生产的“国家免检产品”。

2. 食品质量免检制度的发展与终结

国家免检产品制度始于1999年的《国务院关于进一步加强产品质量工作若干问题的决定》(国发〔1999〕24号),2000年原国家质量技术监督局发布的《产品免于质量监督检查管理的办法》,2001年国家质量监督检验检疫总局第9号令发布了该办法,标志着食品免检制度进一步规范化。该办法规定,免检产品的评定工作每年举行一次,企业首先需按照《食品质量安全市场准入审查通则》的规定获得市场准入资格,然后再进行免检企业称号的申请。企业生产的产品经省级以上质量技术监督部门连续三次抽查合格后,可以获得免检产品证书。获得免检产品资格的产品在3年有效期内享有三项优厚待遇:第一是国家、省、市、县各级政府部门均不得对其进行质量监督检查;第二是在全国各省均不得对其进行质量监督检查;第三是无论是生产领域还是流动领域均不得对其进行质量监督检查。

关于国家产品免检制度的设计初衷有很多说法,其中最为确切的说法有两个:第一种说法是,因为商品的质量安全是由各地区的质监部门和工商部门负责的,在地方利益和部门利益的驱使下,一些地区质监部门和工商部门对外来产品实施“质检封杀”,致使一些国内知名品牌在各地频频遭遇“质量门”。正是为了打破上述地方利益保护和行业垄断行为,扶优扶强,中央设计出台了“免检”产品政策。第二种说法是,在实施产品免检制度之前,许多大型企业疲于应付各种检查,严重影响了企业的正常生产经营，而许多小企业却没人去管，导致“优难胜，劣不汰”的局面，为此，国家设计出台了产品免检制度。

显然，国家出台产品免检制度的初衷是美好的。据调查，实施这项政策以后，获得免检资格的企业在销售额、利税、市场占有率等各方面都有不同程度的提升，产品免检制度得到了经济学家的肯定与好评。但是随着时间的推移，制度效果越来越偏离了当初设计的本意。在2004年第一批免检有效期满的202个免检产品中，就有37家企业没能成功申请到免检资格的延续。其后，“免检产品”企业的产品质量问题频出，引发了社会对于免检制度的质疑声，甚至有人大代表在2007年的全国“两会”上提出废除免检制度。但有关政府部门认为，因为部分“免检产品”的质量问题而废除免检产品制度，不免有因噎废食之嫌，并强调应对问题的方法在于要“进一步加强对免检产品的监督和管理”，而不是“偏激的和不负责任的否定整个免检产品制度”。

三聚氰胺事件的爆发，使得人们对于产品免检制度的质疑声达到新的高峰。国家质检总局于2008年9月16日公布了全国开展的婴幼儿配方奶粉三聚氰胺专项检查的阶段性检查结果之后，随即在9月17日发布公告，宣布停止实行食品类生产企业国家免检政策。2008年9月18日，国务院办公厅发布《国务院办公厅关于废止食品质量免检制度的通知》，称“为了保证食品质量安全，维护人民群众身体健康，国务院决定废止 1999 年 12 月 5 日发布的《国务院关于进一步加强产品质量工作若干问题的决定》(国发〔1999〕24 号)中有关食品质量免检制度的内容”，至此，食品免检制度正式终结。

延伸阅读

不该付出的代价与免检制度的废除

三鹿牌乳粉 2003 年获得免检资格，2006 年重新申报再次获得免检资格。两年后，发现三鹿集团为提高奶粉中的蛋白含量，竟然在其生产的国家免检产品婴幼儿配方奶粉中，违法添加了非食品添加剂三聚氰胺，导致全国范围内数千名儿童患泌尿系统结石，甚至有儿童出现死亡。

国家质检总局随即紧急在全国开展了婴幼儿配方奶粉三聚氰胺专项检查，并于 2008 年 9 月 16 日公布了阶段性检查结果。结果显示，全国目前共有 175 家婴幼儿奶粉生产企业，其中 66 家企业已停止生产婴幼儿奶粉。此次专项检查对其余 109 家企业进行了排查，共检验了这些企业的 491 批次产品。专项检查显示，有 22 家企业 69 批次产品检出了不同含量的三聚氰胺。在这份“黑名单”中，三鹿、伊利、蒙牛等几大知名企业所产奶粉都是“国家免检”产品。

进入 9 月，事件波及面继续扩大，各地卫生部门不约而同地将疑点集中于三鹿奶粉，而三鹿集团每次都把责任推给消费者不懂得“科学喂养”，并且不忘把质检部门挂在嘴边，而质检部门也很配合地不予以否认。直到9月11日，卫生部向世卫组织报告有关疫情，三鹿集团销售受三聚氰胺污染的毒奶粉才终于大白于天下，并且数量是700吨。在这场称为事故的事件中，有人被罢官，有人进监狱，更有若干孩子去了天堂。

9月17日，质检总局发布公告，宣布停止实行食品类生产企业国家免检，仅仅过了一天，9月18日，国家质检总局发布第109号令，决定正式废止《产品免于质量监督检查管理办法》。

评论家潘多拉呼吁：“在一个真正文明的社会里，无论催生一部良法还是废止一部恶法，都应该只需呼吁、游说、监督、投票、弹劾，而不需要有人流血，特别不需要年幼无辜的孩子流血。”①

---

① 《法律与生活》半月刊，2008年10月下半月刊。

后　记

关于公共政策的话题无处不在，比如2015年12月，《人民日报》报道了一则消息：经李克强总理签批，国务院日前印发了《关于宣布失效一批国务院文件的决定》（以下简称《决定》），对与现行法律法规不一致、已被新规定涵盖或替代、调整对象已消失、工作任务已完成或者适用期已过的489件国务院文件宣布失效。凡宣布失效的国务院文件，自《决定》印发之日起一律停止执行，不再作为行政管理的依据。从公共政策的角度看，这则消息涉及了公共政策的变更与终结的话题。再比如，2015年5月25日的《人民日报》以《好政策也要配套好》为题，报道了某贫困县一村级小学，获得国家薄弱学校改造补助资金80多万元，昔日低矮陈旧的校舍，变成了三层教学楼。本来大家都欢天喜地，可不久，一张张催款单接踵而来。原来，改造补助的资金只用于工程建设，相应的其他政策性收费，还得由学校自己出，学校由此欠下了6万余元的债务。这则消息反映了公共政策的协调性问题。前些年，由于全能政府的惯性、法治建设的渐进性以及公共政策制定的科学化程度还有待进一步提高，再加上政府的作用范围、空间的广泛性等方面的原因，这些决定了在我国某些地方，一些公共管理机构或者违背设定的程序，或者违反实体规定出台了不少匪夷所思的政策：据媒体的公开报道，如某地的“尿歪罚款”规定，用“红头文件”下达喝酒、抽烟任务，用“红头文件”摊派捐款，用“红头文件”安排干部家属进机关等，就堂而皇之地出台，社会反响很大、恶评如潮。不当的非科学性的政策规定，不仅浪费了国家宝贵的资源，影响了基层社会的稳定，更重要的是侵蚀了公共部门的权威性与合法性，从而污染了党政机构运作的生态环境。公共政策的科学化、民主化等问题到了非关注、非解决不可的地步。所以，党的十八届四中全会更是明确提出了重大行政(公共)决策程序法定的要求：“健全依法决策机制：把公众参与、专家论证、风险评估、合法性审查、集体讨论决定确定为重大行政决策法定程序，确保决策制度科学、程序正当、过程公开、责任明确。”

多年以来，我校就把公共政策、领导者决策能力提升等课程纳入厅局班、中青班、正处长班等班次，作为党政领导能力提升教学模块中的重要内容，这充分反映了我校教学生成机制的回应性、有效性与科学性。作为课堂教学的重要参考资料，我们在编写过程中主要考虑以下几个方面：第一，理论性。公共政策学科经过了几代的发展，出现了众多的理论流派与观点。一些重要的理论观点构成了政策分析的理论工具，是本书各种章节绕不过去的论题。第二，实践性。公共政策问题来源于公共管理实践，公共政策理论提炼于现实中的政策实践。因而，本书在编写过程中注意采撷现实中，特别是本土化的公共政策案例，“以案说理”，力避抽象的理论演绎。第三，问题性。所谓问题性就是在每一章节中，我们都要归纳该主题在中国语境下可能存在的若干问题，并提出相应的对策思考，体现“问题导向”。最后，可读性。本书编写的目的是服务于教学，因而要有一定的可读性。有章节的相关部分直接是在讲稿的基础上改定的；同时，无论是理论演绎还是案例分析，尽量用明白晓畅的语言来表述。以上四个方面是我们编者试图努力的方向；至于是否做到了，只有等读者来评判了。

本书是上海市委党校、上海行政学院四位老师集体合作的产物。具体分工如下：第一章由罗峰教授撰写，第二章由蔡爱平副教授撰写，第三章由贺小林博士撰写，第四章由鲁迎春博士撰写。全书由罗峰教授统稿、定稿。

本书在编写过程中，得到了校内外各位专家的指导与帮助。他们是：上海市委党校、上海行政学院副校院长曾峻教授，教育长梅丽红教授、教务处处长王公龙教授、公共管理教研部主任陈奇星教授，以及复旦大学国际关系与公共事务学院李春成教授、上海师范大学商红日教授，在此表示衷心感谢。也要感谢上海市委党校、上海行政学院教务处的其他各位同事提供的热情周到的服务。

由于编者水平有限，对公共政策的理论与实践领域把握有限；再加上时间紧张，因而书中的不足之处在所难免，恳请各位专家与读者提出宝贵意见。

编　者

2015 年 12 月

图书在版编目(CIP)数据

公共政策/罗峰主编.—上海:上海人民出版社,2016.2

干部能力培训系列教材

ISBN 978-7-208-13578-9

Ⅰ.①公… Ⅱ.①罗… Ⅲ.①政策科学-干部培训-教材 Ⅳ.①D0

中国版本图书馆CIP数据核字(2016)第016451号

责任编辑 任俊萍

封面装帧 人马艺术设计·储平

·干部能力培训系列教材·

公共政策

罗 峰 主编

世 纪 出 版 集 团

上海人民出版社出版

(200001 上海福建中路193号 www.ewen.co)

世纪出版集团发行中心发行 常熟市新骅印刷有限公司印刷

开本720×1000 1/16 印张13.5 插页4 字数130,000

2016年2月第1版 2016年2月第1次印刷

ISBN 978-7-208-13578-9/D·2812

定价 35.00元

干部能力培训系列教材

《公共政策》　罗　峰　主编　定价 35.00 元

《法治思维》　陈保中　主编　定价 32.00 元

《职业道德》　沈士光　主编　定价 38.00 元

《群众工作》　赵刚印　主编　定价 35.00 元

《应急管理》　董幼鸿　主编　定价 35.00 元

《媒体沟通》　赵　勇　主编　定价 35.00 元

《心理调适》　何　琪　主编　定价 32.00 元